KB017550

유튜버의 일

BOOK
JOURNALISM

유튜버의 일

발행일 ; 제1판 제1쇄 2019년 3월 28일 제1판 제2쇄 2020년 5월 11일
지은이 ; 이수진 발행인·편집인 ; 이연대
주간 ; 김하나 편집 ; 소희준
제작 ; 강민기 지원 ; 유지혜 고문 ; 손현우
펴낸곳 ; ㈜스리체어스 _ 서울특별시 중구 삼일대로 343 위워크 8층
전화 ; 02 396 6266 팩스 ; 070 8627 6266
이메일 ; hello@bookjournalism.com
홈페이지 ; www.bookjournalism.com
출판등록 ; 2014년 6월 25일 제300 2014 81호
ISBN ; 979 11 89864 08 8 03300

BOOK
JOURNALISM

유튜버의 일

이수진

; 억대 수익을 거두는 유명 유튜버부터, 본업과 병행하며 전업 유튜버를 꿈꾸는 이들까지. 직업 유튜버의 시대다. 콘텐츠 시장의 주류가 된 유튜 버가 일하는 방식을 살펴본다. 유튜버로 활동했 던 저자가 열두 팀의 유튜버를 직접 만났다. 유 튜버들은 시청자의 관심을 끌기 위해 고군분투 하는 관심 종자이자, 팬덤을 만드는 스타이고, 장기적인 관점에서 채널을 경영하는 사업가다.

차례

프롤로그   나는 유튜버였다

나는 2015년 5월부터 2018년 1월까지 유튜버로 활동했다. 단순 취미로서가 아니라, 철저히 수익을 목적으로 유튜브에 입성했다. 다양한 콘텐츠 장르를 시도하면서 시청자들의 관심을 끌기 위해 고군분투했다. 많은 시청자들이 선호하는 먹방부터 커버 댄스까지, 안 해본 콘텐츠가 없을 정도다. 그럼에도 불구하고 지금은 더 이상 유튜버로 활동하지 않는다. 꽤 오랜 시간 동안 유튜브 활동을 지속했음에도 큰 성공을 얻지는 못했다.

'나는 이렇게 열심히 하는데 왜 구독자가 팍팍 늘지 않지?' '조회 수는 왜 안 오르지?' '콘텐츠가 재미없나?' '나만 재미있는 건가?' 노력에 비해 저조한 성과는 의문을 키웠다. 쌓이는 의문에 대한 답을 얻고 싶어서, 그리고 유튜버로 성공하고 싶어서 유튜브가 주관하는 행사에 참여해 유튜버들을 만나 이야기를 나눴다. 그것이 이 책의 출발점이다.

의문에 대한 해답은 유튜버들의 이야기 속에서 찾을 수 있었다. 당시 나는 유튜버가 즐겁게 놀면서 돈을 벌 수 있는 꿈의 직업이라고 믿었다. 하지만 마냥 재미있고 자유롭게 일할 수 있을 거라는 생각은 오산이었다. 기획 작가, 프로듀서, 연예인, 마케터 등 다양한 특성을 가진 직업적 역할들을 혼자서 혹은 소수가 수행할 수 있을 때에야 비로소 유튜버가 미래지향적인 직업이 될 수 있다는 사실을 깨달았다. 유튜버는 시간을 자유롭게 사용할 수 있는 자율성과 동시에 다양한 직업적 정체성을 갖춰야 한다. 그래서 그들은 다른 직업만큼이나 체계적으로, 그리고 전략적으로 일하고 있었다.

유튜버들은 시청자와의 소통을 최우선으로 삼는다. 일정한 업로드 주기를 지키는 것과 시청자의 의견을 영상에 반영하는 것은 소통에 있어 가장 중요한 요소다. 내가 만나 본 유튜버들은 시청자들의 요청 댓글에 빠르게 반응하는 것에 가장 신경 쓰고 있었다. 시청자들이 즉각적인 소통에서 유튜버의 진정성을 느끼기 때문이다.

나 역시 유튜버로 활동하는 동안 주기적으로, 적어도 일주일에 한 번은 콘텐츠를 업로드하기 위해 노력했다. 하지만 본업과 유튜브 활동을 병행했던 탓에 정기적인 촬영이 어려웠고, 한 달에 걸쳐 업로드될 콘텐츠를 하루에 몰아 촬영했다. 그러다 보니 시청자들의 반응에 즉각 대응하기가 어려웠다. 특정 영상을 요청하는 댓글이 올라와도, 요청 콘텐츠를 제작하는 데 다시 한 달이 걸렸다. 며칠에 걸쳐 만든 영상을 올려도 조회 수 100을 넘기기가 어려웠고, 댓글을 달아 주는 시청자들은 한정돼 있었다. 구독자 수도 좀처럼 늘지 않았다. 날이 갈수록 자신감은 사라지고, 주변에서도 왜 쓸데없는 데 시간을 낭비하고 스트레스를 사서 받느냐며 핀잔을 줬다. 그래서 활동을 중지하기에 이르렀다.

하지만 유튜브 활동을 그만둔 지 1년이 넘은 지금, 주변 사람들은 다시 말한다. '지금이라도 다시 시작해!' '왜 그만뒀어?' '그땐 너무 시기가 일렀던 것 같아.' 직업 유튜버가 되기 위해서는 수익이 나지 않고, 사람들의 관심을 받지 못하는 '암흑기'를 반드시 거쳐야만 한다. 이 기간은 운 좋게 짧을 수도, 아주 길 수도 있다. 바꿔 말하면, 이 시기를 이겨 내야만 유튜버가 될 수 있다. 나 역시 '만약 그때 포기하지 않고 계속 활동했다면 지금 어땠을까?' 하는 생각을 하곤 한다.

유튜버는 채널의 지속 가능성과 비즈니스의 확장성을 고민하는 사업가, 팬덤을 형성하는 연예인, 관심을 진심으로 즐기고 그것을 동력 삼아 경제 활동을 하는 '관종(관심 종자)'의 특성을 모두 가지는 직업이다. 이렇게 다양한 정체성을 오가며 묵묵히 자신의 콘텐츠를 제작해 나가는 유튜버들의 끈기, 항상 시청자의 입장에서 생각하는 태도에 깊은 인상을 받았다. 시청자 입장에서 신선하고 재미있는 콘텐츠라면, 시간이 걸리더라도 결국에는 시청자들의 주목을 받을 수밖에 없다. 중요한 것은 그 순간까지 포기하지 않고 활동을 이어 나가야만 성공할 수 있다는 점이다.

이러한 과정을 이겨 내야 하는 유튜버에게는 시청자들의 관심이 절실하다. 그러니 관심 가는 콘텐츠가 있다면 언제든지 댓글을, 영상이 재미있었다면 '좋아요'와 구독 버튼을, 그리고 알람 설정을 눌러 주길 바란다.

1 　　　　　　　직업으로서의 유튜버

생존 너머의 일

유튜버의 활동은 어떻게 일work이 되었을까? 유튜버들은 자율적이고 창의적인 과정을 거쳐 영상을 제작하고, 거기에서 수익을 얻는다. 막대한 수익을 얻는 유튜버도 있지만, 생계유지에 충분할 만큼의 경제적 보상을 얻지 못하는 이들도 많다. 특히 활동 초기에는 경제적 보상이 없는 기간을 반드시 거쳐야 한다. 이런 활동의 특성을 볼 때, 유튜버의 활동은 노동보다는 일에 가깝다.

우리는 노동과 일을 같은 맥락에서 이해하는 경향이 있다. 하지만 노동과 일은 구분되는 개념이다. 독일의 정치 사상가 한나 아렌트Hannah Arendt는 노동은 인간이 생존하는 데 있어 필수적인 생계유지를 위해 필요한 신체 활동이고, 일은 그 이상의 생산을 목적으로 하는 활동이라고 본다.[1] 일은 경제적 차원에서의 생산 활동 이외에도 인간의 정신적, 육체적 활동 전체를 포괄한다는 것이다. 일은 자신이나 타인에게 가치 있는 재화나 용역service을 창출해 내는 활동이며, 반드시 금전적인 보상을 가지고 오는 것은 아니다. 따라서 가사 노동이나 자원봉사 활동처럼 삶에 있어 유용하지만 경제적 보상과는 무관한 활동까지 총칭한다.

일은 영어의 work, 독일어의 werk, 프랑스어의 œuvre에 상응하는 단어다. 이들 단어는 모두 작업이라는 의미를 가지며 그런 작업을 통해 만들어진 결과물, 즉 작품이라는 의미를 동시에 함축하고 있다. 반면 노동은 영어의 labor, 독일어로는 arbeit와 상응하는 단어로, 어원상 참고 견디기 고통스러운 활동을 지칭한다.[2] 일은 노동에 비해 자율성이 있고, 창의적인 작업 과정을 거치는 것이다. 노동은 생존을 위해서 해야만 하는 것이며, 어느 정도의 강제성을 가지고 임금 노동 관계 속에서 이루어진다.

유튜버의 콘텐츠 제작 활동은 자율성과 창의성을 바탕으로 이루어지며, 반드시 경제적인 보상을 창출하는 것도 아니다. 생존을 위한 경제 활동만이 아니라 그 이상의 창의적 결과물을 만들어 내고 있는 유튜버들은 일을 하고 있다.

프로슈머와 팬덤

UCCUser Created Contents 열풍이 한국 미디어 산업을 강타한 적이 있다. UCC는 전문가가 아닌 일반인들이 자유롭게 제작 또는 편집한 글, 사진, 동영상을 통칭하는 용어로, 2000년대 초반에 쓰였다. 당시 촬영 카메라가 보급되고 편집 기술이 간편해지면서 많은 인터넷 이용자들이 동영상 콘텐츠를 생산하고 자유롭게 공유하기 시작했다.

UCC 제작자는 유튜버라는 직업의 시발점이다. 이들은 순수한 유희를 목적으로 자유롭게 콘텐츠를 제작하고 공유하며 새로운 문화 생산 형식을 창조했다. 이처럼 인터넷 이용자들이 자발적으로 참여하고 자신을 표현했던 온라인 장이 유튜브라는 동영상 플랫폼으로 무대를 옮기면서 유튜버의 초기 개념이 형성됐다.

당대 UCC 제작자들은 대체로 기성 미디어 콘텐츠를 개성 있게 패러디하거나, 일상에서 일어나는 일을 유머러스하게 담은 콘텐츠를 제작했다. 이들 콘텐츠는 길이가 짧고, 편집이 정교하지 못한 아마추어 형식이 대부분이었다. 비록 비전문적이지만, 주류 미디어 콘텐츠와 차별화되는 특유의 재미와 개성으로 무장한 UCC는 인터넷상에서 널리 공유되었다. 유명세를 얻은 UCC 제작자들은 스타덤에 오르기도 했다.

미디어학자 헨리 젠킨스Henry Jenkins는 이처럼 디지털 기술이 발전하고, 인터넷 사용자들이 콘텐츠를 저장, 해석, 전유, 변형, 유통하는 과정에 직접 참여할 수 있게 된 현상을 참여 문화participatory culture라고 정의한다.[3] 과거에는 콘텐츠 수용자 영역에만 머물렀던 개인들이 콘텐츠 생산자 역할도 동시에 하게 되면서, 소비자와 생산자 사이의 경계가 흐려지는 문화 현상이다. 미국의 미래학자 앨빈 토플러Alvin Toffler[4]는 이러한 과정에 참여하는 개인들을 생산소비자prosumer라고 표현했다.

UCC의 가장 큰 특징은 제작자가 콘텐츠를 만들고, 공유하고, 다른 사람들의 댓글 반응을 관찰하는 모든 소통의 과정을 놀이처럼 즐긴다는 점이다. 소통뿐 아니라, 영상을 제작하는 것 자체에도 원초적인 창조의 즐거움이 있다. 원하는 영상을 선택하고 그것을 재조합해 새로운 내용을 구성해 내는 과정에서 제작자들은 마치 종이를 가위로 자르고 풀로 붙이는 것과 같은 원초적인 즐거움을 느끼게 된다. 즉, UCC는 온라인 참여 문화 속 생산소비자들의 자유로운 놀이의 산물이었다.

UCC 열풍의 또 다른 원동력은 능동적인 수용자active audience로서의 팬fan, 그리고 팬덤fandom이었다. 이들은 팬심을 가진 대상에 대한 정보를 열정적으로 추구하고, 팬 문화에 참여하기 위해 스스로 콘텐츠를 생산했다.[5] 존 피스크John Fiske는 팬과 팬덤의 특성을 주류 문화와 구별되는 그들만의 정체성, 자유로운 참여로 이루어지는 생산성을 통해 형성되는 유대감, 그리고 문화 자본[6] 축적에 따라 팬덤 안에서 나뉘는 위계로 설명한다. 이 특성들은 UCC 제작자들이 콘텐츠를 만드는 동력이 되었다.[7]

유튜버도 그렇다. 팬들이 팬덤에 속한 사람과 그렇지 않은 사람을 확실하게 구별하는 것처럼, 유튜버 또한 자신과 비슷한 취미나 취향을 가진 사람들과 함께 커뮤니티로서의 정체성을 구성한다. 스타의 팬들이 팬픽이나 UCC를 제작하고 공유하며 그들만의 유대감을 형성했던 것처럼, 유튜버도 개성 있는 콘텐츠를 자유롭게 제작하여 시청자와 공유하면서 구독자에게 애칭을 만들어 주기도 하고, 자신들만의 유행어를 만드는 등 다양한 방식으로 시청자들과 유대감을 형성한다. 누가 스타와 관련한 정보나 자료를 많이 가지고 있는가에 따라 팬덤 내부의 위계가 형성되듯이, 유튜버 또한 동영상 수를 누적하고 구독자를 모으며 조회 수를 올리는 방식으로 문화 자본을 축적해 자신의 영향력을 키운다. 그리고 다른 유튜브 채널들 사이에서 위계나 계급을 형성한다.

UCC 제작자들이 유튜버의 모태가 된 만큼, UCC는 콘텐츠의 형식이나 유희적인 성격, 그리고 그것이 가지는 파급력 측면에서 유튜버가 제작하는 콘텐츠와 상당한 공통점을 갖고 있다. 하지만 영상 콘텐츠를 제작하는 창의적인 일을 수행하고 단순히 보람과 재미를 느낄 뿐이었던 UCC 제작자들과 달리, 유튜버는 콘텐츠 제작 활동을 통해 문화 산업 내에서 수익을 내고 있다. UCC 제작자들이 자신이 제작하고 유통한 콘텐츠로부터 수익을 창출할 수 있게 되면서 유튜버라는 직업이 탄생하게 된 것이다. UCC를 통해 즐거움을 향유하는 시대를 거쳤던 개인 콘텐츠 제작자들이 새로운 문화 산업의 패러다임을 창조해 낸 셈이다.

'관심 종자' 경제

유튜버라는 직업이 탄생할 수 있었던 산업적 배경은 관심 경제attention economy의 활성화였다. 관심 경제는 사람들로부터 관심을 획득하는 것이 사회·경제적인 성패를 가르는 주요 변수가 된 경제를 말한다. 온라인 참여로 형성된 자유로운 놀이 문화였던 UCC가 관심 경제와 맞닿으면서, 영상 콘텐츠는 시청자들의 관심량에 따라 가격이 책정되는 수익 상품이 되었다. 유튜버라는 직업이 탄생한 핵심 배경이다.

유튜버들은 자신의 콘텐츠를 소비하는 시청자들을 대상으로 관심을 사고파는 경제 행위를 하고 있는 셈이다. 일각에서는 유튜버를 '관심 종자'[8]라고 부르며 부정적인 시각으로 바라보지만, 유튜버들은 관심 경제 속에서 다수의 관심을 얻기 위해 다양한 수단과 방법을 동원하고 있다. 익살, 풍자, 기괴함과 같은 특성이 유튜버의 콘텐츠에 나타나는 이유다.

조사 기관 IDCInternet Data Center의 보고서에 의하면 2012년 한 해 동안 생산된 전 세계의 데이터양은 2.8제타바이트(2.8조 기가바이트)에 이른다. 2020년에는 40제타바이트(40조 기가바이트)로 전 세계 해변의 모래알 수보다 약 57배나 많은 데이터가 생산될 전망이다.[9] 우리가 정보 과잉의 시대에 살아가고 있다는 사실은 그리 특별하게 느껴지지 않을 수 있다. 그러나 정보의 양이 급격히 늘어나면서 소비자의 관심을 끄는 일은 더 어려워졌다. 관심이 희소한 자원으로 작용한다고 말한 허버트 사이먼Herbert Simon의 주장에 주목하는 이유다.[10]

관심은 한정되어 있다. 그래서 사람들은 자신의 관심을 효율적으로 할당해 정보를 소비한다. 이로 인해 끊임없이 쏟아지는 정보의 폭포수 속에서 사람들의 관심을 사는 정보만이 소비될 기회를 얻고, 가치를 가질 수 있게 된다. 얼마나 많은 사람들로부터 관심을 획득했느냐에 따라 그 정보의 가치가 결정된다. 토머스 데이븐포트Thomas Davenport와 존 벡John Beck 또한 정보화 사회 또는 인터넷 시대에서 가장 중요한 희소 자원은 관심이라고 말하며, 이제 관심은 돈만큼, 때로는 돈 주고도 못 살 만큼 귀해진 자원이라고 평가한다.[11]

관심은 유동적이다. 쉽게 다른 대상에게 빼앗길 수 있다. 예를 들어 어떤 사람이 A라는 사람을 보고 있다가도 B라는 새로운 사람이 나타나면, 그 사람의 관심은 A에서 B로 쉽게 이동한다. 하지만 A가 새로운 정보를 제공한다면, 언제든지 B로 향했던 관심을 다시 A로 돌릴 수 있는 가능성 또한 있다. 유튜버는 시청자들로부터 획득한 관심을 언제든지 다른 유튜버에게 빼앗길 수 있는 불안한 상황에 놓여 있는 셈이다. 그래서 이들은 트렌드에 즉각적으로 반응하여 콘텐츠를 제작하고, 콘텐츠를 주기적으로 업로드함으로써 시청자들의 관심을 모으고 지속적으로 유지시키기 위한 전략을 펼친다. 관심의 불안정성을 이기기 위해서다.

관심을 받는 정보는 희소한 가치를 갖게 되고, 내용과

관계없이 사회적으로 유의미한 것이 된다. 유튜버를 비롯해 콘텐츠 크리에이터로 활동하는 개인 창작자들을 관리하는 MCN(Multi Channel Network, 다중 채널 네트워크) 산업이 형성될 정도로 크리에이터의 경제적 가치가 높아진 이유다. 이들의 콘텐츠 생산 활동이 많은 사람들로부터 관심을 받고, 사회적으로 유의미해지고 있음을 발견한 사업자들이 비즈니스 모델과 그 가능성을 포착한 것이다. 유튜브나 아프리카TV 같은 동영상 플랫폼의 가치가 최근 들어 급격하게 상승하고 있는 이유 또한 관심 경제의 팽창이라 볼 수 있다.

유튜버는 누구인가

유튜버의 산업적 가치가 날로 커지고 있음에도 불구하고 이들이 일하는 방식에 대한 관심은 많지 않다. 아마도 유튜버가 직업으로서 사회적 인정을 받기 시작한 것이 비교적 최근이며, 이들의 활동이 단기간에 급격한 가치 향상을 이루어 냈기 때문일 것이다. 또한 유튜버 간 경쟁 과열로 인해 자극적인 콘텐츠가 양산되면서 발생한 여러 부작용으로 인한 편견 탓일 수도 있다. 이러한 시선에서 벗어나, 유튜버들의 이야기를 직접 들었다. 주관적인 경험을 직접 듣고 탐구했다.

　　1년 이상 유튜브 채널을 운영했고, 꾸준히 콘텐츠를 업로드하고 있는 겸업 유튜버 9팀, 전업 유튜버 3팀을 만났다.

전업 유튜버란 유튜버 활동을 통해 수익을 창출하고, 그것으로 생계를 이어 나가고 있는 유튜버를 말한다. 겸업 유튜버는 본업이 따로 있음에도 유튜버 활동으로 수익을 내기 위해 노력하고 있는 유튜버를 뜻한다. 인터뷰이 선정 기준은 '자신의 적성과 능력에 따라 일정한 기간 동안 계속하여 종사하는 일'이라는 직업의 사전적 의미에 착안해 고안했다. 보유 구독자 수, 누적 조회 수와 같이 유튜버의 실적에 해당하는 지표들을 감안해 인터뷰이를 선정했다. 익명을 요구한 유튜버들은 알파벳으로 표기했다.

겸업 유튜버 오!마주(남, 32세)는 2년 이상 유튜브 채널을 운영해 온 직장인이다. 장난감을 리뷰하거나 상황극을 하는 등 아이들의 눈높이에 맞춰 키즈 콘텐츠를 제작하고 있다. 약 1만 2000명의 구독자를 보유하고 있고, 인터뷰이 중 유일하게 아프리카TV BJ로도 활동한 경력이 있다. 100퍼센트 생방송으로 운영되기 때문에 순발력 있는 상황 대처가 요구되는 아프리카TV의 한계점에서 벗어나기 위해 내용 편집이 가능한 업로드 방식의 유튜브로 무대를 옮겨 활동 중이다.

겸업 유튜버 홍성주(여, 21세)는 갓 취업한 사회 초년생이자 직장인이다. 과거 한 TV 프로그램에 출연하면서 연예 기획사로부터 캐스팅 제안을 받을 정도로 높은 인지도를 얻었던 경험이 있다. 인지도에 힘입어 페이스북 스타로 활동한 경력 또한 있으며, 유튜브에 자신의 일상을 담은 콘텐츠를 2년째 업로드하고 있다. 약 8000명의 구독자를 보유 중이다.

겸업 유튜버 '연애홍신소' 팀은 구독자 수 1200명을 보유하고 있는 4인조 음악 유튜버로, 본업 또한 음악가다. 29세 남성 두 명, 30세 남성과 34세 남성 각각 한 명으로 이루어져 있다. 음악가에게는 필수인 유명세를 얻기 위해 유튜버로 활동하고 있다. 시청자들의 사연을 받아 그 내용을 바탕으로 노래를 작사, 작곡해 뮤직비디오 형식으로 콘텐츠를 제작해 업로드한다. 유튜브뿐만 아니라 페이스북에서도 같은 활동을 하고 있으며, 다른 음악가들도 모이는 그들의 사무실이 있을 정도로 음악가로서 다방면으로 활동 중이다.

겸업 유튜버 박담채(여, 23세)는 코미디 연극을 전공하는 대학생이다. 전공을 살려 엔터테인먼트 콘텐츠를 제작하고 있다. 2인조로 활동하면서 약 13만 명의 구독자를 보유했던 경력이 있다. 독립 후에는 본인만의 채널을 운영 중이다. 현재 약 3만 5000명의 구독자를 보유 중이다. 인터뷰에 참여한 겸업 유튜버들 중에서는 유일하게 MCN 회사에 소속되어 있어 광고나 협찬 제안을 받아 본 경험이 많은 편이다.

겸업 유튜버 '코코넛 채널' 팀은 2년 넘게 유튜버로 활동하고 있는 3인조 그룹이다. 28세 남성 두 명과 29세 남성 한 명으로 이루어져 있다. 대체로 동남아시아 유명 가수들의 뮤직비디오에 대한 리액션을 하거나, 동남아 음식을 먹어 보고 리뷰하는 등, 동남아 시청자들을 타깃으로 글로벌 콘텐츠를 제작한다. 현재 약 6만 명의 구독자를 보유하고 있다. 콘텐츠의 특성상 영상에 영어 자막을 다는 작업이 필요한데, 멤버 중 영어에 능통한 한 명이 이 작업을 도맡아 하고 있다.

'김메주와 고양이들' 채널을 운영하는 2년 경력의 전업 유튜버 김메주(여, 34세)는 본인이 기르고 있는 고양이들의 일상을 담은 펫 콘텐츠를 제작하고 있다. 유튜버 활동을 통한 수익이 본업의 월급을 초과하게 되면서 본업을 그만두고 유튜버로 전업했다. 현재 약 37만 명의 구독자를 보유 중이며, MCN 회사에 소속되어 있다. 1일 1콘텐츠를 기본으로 활발하게 활동한다.

전업 유튜버 '파뿌리' 팀은 28세 남성 세 명으로 이루어진 동갑내기 3인조 그룹이다. 엔터테인먼트 콘텐츠를 제작하고 있다. 인터뷰가 진행된 2017년 가을에는 3000명 정도였던 구독자 수가 현재 약 32만 명으로 급증한 상태다. 콘텐츠 기획과 촬영은 두 명이, 편집은 한 명이 전담하는 식으로 분업화되어 있다. 이들 역시 MCN 회사에 소속되어 있다.

겸업 유튜버 A는 2인조 그룹으로, 모두 직장인이다. 30세 남성과 33세 남성 두 명으로 이루어져 있다. 남성 뷰티 콘텐츠를 2년째 제작하고 있다. 인터뷰가 진행된 2017년 가을에는 3000명이었던 구독자가 현재 15만 명으로 급증한 상태다. 구독자 수가 늘어나고 채널의 규모가 커지면서 최근 MCN 회사에 스카우트되었다. 온·오프라인을 넘나들며 활동 중이고 유튜버로 전업하기를 희망하고 있다. 한 명이 카메라 앞에 서서 퍼포밍을 하는 동안 다른 한 명은 카메라나 조명 같은 장비를 세팅하는 등 분업하여 일하고 있다.

겸업 유튜버 B(남, 30세) 또한 직장인이다. 새로 출시되거나, 사람들 사이에서 화두에 오르는 게임 제품을 리뷰하는 콘텐츠를 제작하고 있으며, 2년째 활동 중이다. 약 300명의 구독자를 보유하고 있다. 본인을 필두로 매번 다른 게스트들을 초대해 함께 게임 플레이를 하거나 게임 제품을 리뷰한다. 제품을 바라보는 다양한 시각을 콘텐츠에 담고자 노력하고 있다.

겸업 유튜버 C(남, 33세)는 사업가다. 사업 확장의 개념으로 유튜브 채널을 운영하기 시작했지만, 언젠가는 본업이 유튜버가 되기를 기대하고 있다. 자신의 취미를 소개하는 영상을 주로 제작하고, 시청자들에게 다양한 취미를 가질 것을 권유하는 콘텐츠를 지향하고 있다. 본격적으로 유튜버로 활동한 지는 약 2년이 되었고, 6000명가량의 구독자를 보유하고 있다.

겸업 유튜버 D는 본업이 직장인인 2인조 그룹이다. 30세 여성, 28세 여성으로 이루어져 있다. 엔터테인먼트 콘텐츠를 제작하며 약 2000명의 구독자를 보유 중이다. 2년 이상 활동하고 있지만 큰 성과를 얻지 못해 채널 운영에 난항을 겪고 있다. 비교적 업무량이 많은 본업 때문에 본업과 유튜버 활동 사이에서 밸런스를 잡는 데에 가장 큰 어려움을 느끼고 있다. 하루에 여러 콘텐츠를 연속해서 촬영하는 등, 없는 시간을 쪼개고 전략적으로 시간을 배분해 꾸준히 활동을 이어 가고 있다.

전업 유튜버 E(남, 32세)는 인터뷰이 중 가장 오래 유튜버로 일했다. 6년 경력의 E는 유튜버라는 개념이 형성되기도 전에 자리를 잡았다. 특히 초등학생, 중학생 사이에서 큰 인기를 얻으면서 현재 30만 구독자를 보유한 유명 유튜버로 자리매김하게 되었다. 다양한 게임을 플레이하는 콘텐츠를 제작하고 있고, 하루에 한 개의 콘텐츠를 업로드하며 활발히 활동 중이다. E 역시 MCN 회사에 소속되어 있다.

관심을 경영하다

유튜브에서 유토피아를 발견하다

대부분의 직업에는 자격 조건이 있다. 법조인이 되기 위해서는 로스쿨에 진학해야 하고, 공무원이 되기 위해서는 공무원 시험에 통과해야 하며, 직장인이 되기 위해서는 서류 전형과 면접 과정에서 살아남아야 한다. 사람들은 이런 자격 조건을 갖추기 위해 관련 학과를 졸업하거나, 자격시험을 준비하고, 다른 지원자들 사이에서 자신을 돋보이게 할 스펙을 준비하곤 한다. 하지만 유튜버는 다르다. 유튜브에서는 어떤 자격 조건도 요구하지 않는다. 누구나 간단한 가입 절차만 밟으면 단 몇 분 만에 채널을 개설하고, 유튜버로 활동할 수 있다. 이처럼 낮은 진입 장벽 덕분에 다양한 재능을 가진 사람들이 부푼 꿈을 안고 유튜브에 진입하고 있다.

유튜버들은 끼와 재능으로 부와 유명세를 누릴 수 있을 것이라는 기대에서 유튜브를 시작한다. E는 어렸을 적 이루지 못했던 꿈을 유튜브 활동을 통해 실현하게 되면서 큰 즐거움을 느껴 본격적으로 유튜브 활동을 시작했다.

> E: 인터넷에 게임에 대한 정보가 많이 없었어요. 그래서 제가 알려 줘야겠다 싶었죠. 원래 꿈이 선생님이었거든요. 근데 제가 원하는 과에 못 갔어요. 부모님 반대 때문에……. 그래서 게임 관련된 정보를 아이들에게 쉽게 알려 주는 식으로 영상

을 만들어서 유튜브에 올렸어요.

그렇게 시작된 E의 활동은 6년째 이어져 오고 있다. 게임 튜토리얼처럼 하나하나 쉽게 설명하는 콘텐츠의 특성 덕분에, 채널 구독자 대부분이 초등학생, 중학생이다.

B는 극심해지는 취업난에 높은 스펙을 요구하는 사회, 취직을 하더라도 불안정한 현실에 대한 대비책으로 유튜브를 시작했다.

B: 남자애들 세 명이서 애니메이션 리뷰하는 영상을 본 적이 있어요. 되게 평범한 애들이었는데, 처음엔 인기가 없었어요. 중간중간 조회 수 안 나온다고 슬퍼하기도 하고. (웃음) 그런데 3년 넘게 했나? 국내에 애니메이션 행사가 있을 때, 심도 있게 얘기해야 하는데 (행사에) 부를 만한 사람이 딱히 없잖아요? 그러니까 애네들이 조금씩 (그런 행사에) 불려 가기 시작하더라고요. 저는 어떤 분야에서든 상위 1퍼센트 안에 들면 부자가 된다고 생각하거든요? 그 아이들처럼 마이너한 분야라 하더라도 그 분야의 1퍼센트가 된다면 성공할 수 있는 거죠. 솔직히 저 같은 직장인들은 회사 내의 1퍼센트가 되는 게 많이 힘들잖아요. 특히 요즘 시대에는 더. 설령 안정적인 직장이라 해도 언제까지 다닐지도 모르는 거고. 그래서 마이너한 분야의

1퍼센트가 될 수 있다면 유튜브가 가능성 있다고 생각했어요.

유튜브를 시작한다는 것은 단순히 유튜버라는 직업을 얻는 데에 그치는 것이 아니다. 미처 이루지 못했던 꿈을 향해 용기 있는 한 발자국을 내딛는 것이자, 끼와 재능을 발산할 수 있는 무대로의 설레는 입장이며, 불안정한 사회에서 대비책을 만들기 위한 노력이다. 누구나 꿈과 열정만 있다면 유튜브를 시작할 수 있다. 이렇게 특별한 조건 없이 누구에게나 기회를 주는 유튜브의 생태계를 인터뷰이들은 공평하고 이상적이라고 표현했다.

D: 요즘 취업하려면 온갖 스펙을 요구하잖아요. 자격증부터 시작해서 요즘은 얼굴도 스펙이라고 해서 성형도 많이 하고……. 좀 슬프죠. 스펙이 안돼서 지원 자체를 포기해야 하는 곳도 많잖아요. 그런데 유튜브는 이 직업을 원하는 사람들이라면 누구나 도전할 수 있는 기회를 줘요. 이상적인 거죠.

A: 로마에서 기사가 되려면 귀족으로 태어나야 하고, 누구에게 발탁이 되어야 하고. 그런 절차를 걸쳐야 기사가 되고 장군이 될 수 있었다면, 지금은 글래디에이터처럼 콜로세움에서 막 싸움을 하는 거죠. 이 중에서 잘하는 사람이 눈에 띄고 장군이

될 수 있는, 그런 시대가 온 것이라고 생각해요.

이미지를 팔아라

누구나 쉽게 유튜브에 진입할 수 있다. 하지만 모두가 직업 유튜버로 인정받으며 활동할 수 있는 것은 아니다. '생계를 유지하기 위하여 자신의 적성과 능력에 따라 일정 기간 계속하여 종사하는 일'이라는 직업의 사전적 의미처럼, 유튜버가 단순한 취미 활동이 아니라 하나의 직업으로 인정받기 위해서는 생계를 유지할 수 있을 만큼의 지속적인 수입이 있어야 한다. 안정적인 수익을 얻는 채널을 만들기 위해 필요한 유튜버의 특징과 역량은 무엇인지, 유튜버들의 이야기로부터 파악할 수 있었다.

첫 번째는 사업가적 역량이다. 유튜브는 기본적으로 영상의 조회 수를 기반으로 유튜버들에게 수익을 분배한다. 따라서 시청자들이 꾸준히 유입돼 콘텐츠를 소비해야만 조회수를 통해 안정적인 수익을 거둘 수 있다. 시청자가 지속적으로 유입되고 유지되기 위해서는 무엇보다도 다른 곳에서는 찾아볼 수 없는 독특한 개성을 가진 콘텐츠를 제작해 다시 방문하고 싶은 채널이 되는 것이 중요하다. 이는 본인의 유튜브채널을 비즈니스에 용이한 환경으로 만드는 작업이기도 하다.

C: 예를 들어 책을 소개하는 콘텐츠가 있으면, 책만 소개하는 사람들이 많아요. 그런 사람들은 앞으로 비즈니스를 할 수 없어요. 유튜버가 자신의 색깔을 보여 줘야 하는데, 책만 소개하면 누구나 따라 할 수 있는 콘텐츠밖에 안 되죠. '이 사람은 어떤 사람인데, 이 사람이 소개하는 책들은 이래'가 되어야 하는 거죠. '저 사람이 추천해 주는 책들은 뭔가 달라'가 돼야 향후에 유튜버들이 많아져서 비슷한 콘텐츠가 많아져도 살아남을 수 있고, (지속적인) 비즈니스를 할 수 있죠.

유튜버는 시청자들을 꾸준히 유입시킴으로써 얻는 조회 수 수익 외에도 부가적인 수익을 창출할 수 있어야 한다. 특히 중요한 것은 부가 광고 수익이다. 일반적으로 유튜브 내에서 기본적으로 발생하는 조회 수 수익보다 광고 수입이 더 크기 때문이다.

B: 생각보다 유튜브만으로 돈을 버는 건 힘들어요. 인기가 어느 정도 있는 유튜버도 월 80 번다고 하더라고요. 80만 원을 멤버들끼리 나눈다면 거의 용돈 수준이죠. 유명한 유튜버들이 수익을 공개한 것이 몇몇 있는데 그런 거 보면 느껴요. 유튜브 자체에서 벌어들이는 돈은 상대적으로 작은 거죠. 오롯이 유튜브만으로 돈을 버는 건 어려워요. 유명한 대도서관[12]

도 한 번 게임 해주는 거에 4000만 원 정도 받는다고 하더라고요. 그럼 엄청난 거잖아요. 그 수익이 엄청난 거죠. 유튜브 수익도 있지만 그건 상대적으로 적은 거죠.

B의 말처럼, 조회 수를 통해 얻을 수 있는 수익은 상대적으로 적은 편이다. 약 3만 명의 구독자를 보유하고 있는 게임 유튜버 로버는 한 매체와의 인터뷰에서 유튜버 활동을 통해 얻은 조회 수 수익 정보를 공개했다. 조회 수당 1원의 수익이 발생한다는 정보는 잘못된 것으로, 이 정도의 수익이 나려면 10분 이상의 영상에 세 개에서 다섯 개의 광고가 포함되어야 한다는 것이다. 유튜브는 10분 이상인 영상의 경우에만 2개 이상의 광고를 붙일 수 있도록 한다. 대부분의 유튜버들이 제작하는 10분 미만의 짧은 영상에서는 조회 수 1당 1원의 수익도 발생하지 않는 셈이다.

뿐만 아니라, MCN에 소속되어 있는 유튜버들은 회사와 수익을 나누기도 한다. 구독자 198만 명을 보유한 유튜버 '공대생 변승주' 또한 유튜브 광고 수익을 공개한 적이 있는데, 1000만 원의 수익이 발생하더라도 자신이 속한 MCN 회사인 비디오 빌리지에 돌아가는 100만 원, 세금 200만 원, 촬영 비용 150만 원, 직원 월급 250만 원 등을 빼고 나면 실제 자신에게 배당되는 수익은 매달 50만 원 안팎이라고 밝혔다.[13] 조회 수 수익이 적은 편임에도 불구하고 여기에서 영상 제작에 투자되는 비용과 세금을 제해야 하며, MCN 업체와 수익을 공유하기도 하고, 규모가 큰 경우에는 채널 운영에 추가적으로 필요한 인력에 대한 비용도 고려해야 한다. 따라서 유튜버가 오롯이 조회 수 수익만으로 생계를 이어 가는 것은 매우 어려운 일이라고 할 수 있다. 채널을 운영하는 사업가로서 부가 광고 수익을 벌어들일 수 있어야 한다.

대표적인 부가 광고 형태는 협찬이다. 광고주가 자신의 제품과 관련 있거나 인지도 높은 유튜버에게 대가를 지불하고, 콘텐츠에서 제품을 다뤄 달라는 의뢰를 하는 것이다. 인지도가 낮은 유튜버의 경우에는 증정 형태로 제품을 제공하는 것에 그치기도 하지만, 대도서관처럼 유명한 유튜버에게 콘텐츠 내 제품 광고를 요청할 경우에는 거액을 지불해야 한다.

유튜버들은 유튜브 플랫폼 외부에서 부가 수익을 얻기도 한다. 그 형태는 다양하다. 예컨대 유튜버 하늘[14]은 패션 브랜드의 광고 모델로 발탁되어 연예인들과 함께 화보를 찍고, 홍보 모델로 활동했다. 뷰티 유튜버 씬님[15]은 메이크업 브랜드와 협업해 자신의 이름을 건 메이크업 제품을 생산해 판매했다. 브랜드와의 컬래버레이션collaboration 형태다. 게임 유튜버 대도서관은 책을 출간했는데, 이처럼 다른 형태의 일을 시작하는 유튜버들도 있다. 인터뷰이들도 비록 당장 실현할 수 있는 가능성은 적더라도, 언젠가는 수익을 다른 영역으로 확장하려는 자신만의 계획을 가지고 있었다.

> 파뿌리: 디즈니가 《겨울 왕국》이라는 영화를 만들었지만, 극장 수익만으로 《겨울 왕국》이 끝난 건 아니잖아요? (유튜브에서) 파생되는 캐릭터 산업에 집중할 수 있다는 것이 지금은 좀 뜬구름 잡는 것 같아도 멀지 않을 것 같다는 생각을 했어요.

파뿌리 팀은 디즈니가 제작한 애니메이션 콘텐츠가 캐릭터 사업을 구축하고 있는 것처럼, 콘텐츠 속에서 가지고 있는 캐릭터를 상품화해 다양한 캐릭터 상품을 제작하는 비즈니스를 염두에 두고 있었다. 김메주 또한 유튜브 콘텐츠의 주인공인 고양이를 캐릭터로 만들어 핸드폰 케이스, 필기구 등의 굿즈를 만드는 사업을 구상하고 있었다. 그 외에도 A는 오프라인에서 남성 뷰티 관련 상담 비즈니스를, 연애흥신소 팀은 음반 발매를 계획 중이다.

부가 수익이 중요한 만큼, 유튜버들은 광고 수익을 얻는 데에 어떤 이미지가 유리한지도 고려하고 있었다. 유튜버의 이미지가 비즈니스 친화적일수록 수익 창출에 유리하기 때문이다.

> A: 어떤 이미지를 형성하는지도 중요한 것 같아요. 광고주들

도 마냥 우스꽝스럽고 엽기적인 이미지를 갖고 있는 유튜버들한테 자기네들 제품 광고를 맡기고 싶지 않아 하거든요. 자기네 브랜드 이미지도 있다 보니까. 광고주들이 광고를 맡기고 싶은, 신뢰가 가는 유튜버의 이미지를 가지고 있는 게 비즈니스 하기에 좋죠.

유튜버들은 이처럼 다양한 수익 모델을 구상하고 고려하는 사업가적인 면모를 가지고 있다. 하지만 동시에 무한정 수익만을 추구하는 것은 경계하고 있었다. 욕심만 앞세워 사업을 추진하는 것은 시청자들의 눈살을 찌푸리게 한다. 유튜버가 시청자들을 상업적으로 이용하는 모양새가 되기 때문이다. 따라서 유튜버는 시청자들의 관심과 자신의 비즈니스 사이 적당한 지점에서 중심을 잡을 줄 알아야 한다. 유튜버들은 콘텐츠의 진정성을 해치지 않을 정도의 선을 지키며 수익을 추구하는 것이 장기적으로 더 유리하다는 생각을 갖고 있었다.

D: 저희 채널과 관련 없는 광고는 설령 돈을 많이 준다고 해도 해선 안 돼요. 돈 벌려고 닥치는 대로 다 하는 것 같잖아요. 그러면 시청자들이 화나서 다시 안 찾아와요. '아, 돈 벌려고 하는 애들.' 이런 식으로 인식되어 버리는 것 같아요. 그러니깐 저희같이 아직 덜 자라난 채널들은 광고도 잘 받아서 해야 하

는 거죠. 돈 준다고 다 하면 단기적으로는 수익이 생기니까 좋아도, 장기적으로 보면 자기 무덤 자기가 파는 꼴이 돼요. 내 시청자는 내가 지켜야 해요.

인터뷰한 유튜버 모두 요청받은 광고를 거절한 경험이 있거나, 경험이 없더라도 채널과 맞지 않는 광고라면 과감히 포기할 것이라고 대답했다. 시청자의 신뢰, 구독자와의 의리를 지키기 위해서다. 시청자에게 유익한 정보나 즐거움을 줄 수 있다고 판단되는 범위 내의 광고는 허용하되, 단순히 시청자를 돈벌이로 이용하는 식의 광고는 피하는 것이 채널을 좋아해 주는 사람들에 대한 예의라는 것이다. 이러한 전략은 장기적인 성장에 유리하다. 시청자가 관심을 잃고 다시 찾아 주지 않는다면, 채널의 존재는 무의미해진다. 유튜버들은 관심에서 수익을 얻지만, 수익을 과하게 추구하면 시청자들의 관심을 잃어버릴 위험도 안고 있다. 단순히 관심을 즐기는 수준을 넘어, 관심을 전략적으로 경영해야 하는 이유다.

눈과 귀를 사로잡는 재능

유튜버로 성공하기 위한 두 번째 역량은 유머 감각과 뛰어난 말솜씨다. 인터뷰한 대다수는 자신이 이러한 역량을 가지고 있다고 생각했기 때문에 유튜브에 뛰어들었다.

A: 대학교 때는 응원 단장이었고, 지금 회사에서도 강사 일을 하고 있어요. 저는 남들 앞에 서는 게 두렵지 않아요. 사람들 앞에서 조리 있게 말을 잘하는데 이게 저한테는 아무것도 아니거든요. 몇백 명, 몇천 명 앞에서 말하는 게 두렵지 않고 오히려 즐겁고, 재미있고……. 오히려 심장이 두근거려요. 피곤하지도 않고. 이게 저한텐 재능인 거죠.

오!마주: 나도 스스로가 재미있는 사람이라고 생각하니까, 어느 정도 좋은 모습을 보여 주면 사람들이 날 좋아하겠다 싶어서 시작했어요.

재미있는 사람은 사랑받는다. 함께 있으면 즐겁고, 유쾌해서 시간 가는 줄 모르게 만드는 것도 능력이다. 연애를 할 때도 무뚝뚝한 사람보다는 유머러스한 사람이 호감을 얻기 쉽다. 여기에 '말빨'까지 있다면 금상첨화다. 시청자들의 관심을 끌어야 하는 유튜버에게 유머 감각과 언변은 필수다. 유머 감각과 언변은 관심을 자신에게 집중시킬 수 있는 능력이자, 재능인 셈이다.

홍성주: 무언가를 재미있게 말하는 재능이 있거나, 정보 전달을 깔끔하게 하는 재능이 있거나……. 재능이 있어야 해

요! 모든 직업에는 어느 정도의 재능이 필요하잖아요? 유튜버도 마찬가지예요.

유튜브 플랫폼 내에서 발생하는 조회 수 수익은 시청자들의 체류 시간에 영향을 받는다. 체류 시간은 시청자들의 실질적인 동영상 시청 시간을 의미한다. 유튜브 알고리즘은 시청자가 오랫동안 본 콘텐츠를 더 흥미로운 콘텐츠라고 판단한다. 조회 수가 같더라도 체류 시간이 긴 콘텐츠에 더 큰 수익을 제공한다. 그래서 유튜버는 시청자들의 눈과 귀를 놓치지 않기 위해 필사적으로 노력한다. 유튜버들은 시청자들이 흥미롭게 느낄 수 있도록 재미있게 말하는 끼와 재능을 갖고 있다면, 큰 성공을 얻을 수 있다고 믿고 있었다.

관심을 즐기는 자만이 살아남는다

'관종'은 '관심 종자'의 줄임말로, 관심을 받고 싶어 하는 사람을 일컫는다. 주로 사람들의 이목과 집중을 받고 싶어 안달이 난 사람들을 부정적으로 묘사하는 말이다. 관심을 받고자 하는 경향을 '관종끼'로, 관심 받으려는 욕구가 지나치게 높은 상태를 '관심병'이라고 부르기도 한다. 하지만 유튜버들은 대부분 관심을 진심으로 즐긴다. 특히 홍성주의 경우, 사람들의 관심에 예민하게 반응하고 있었다.

홍성주: (본인에게 구독 취소란 뭐예요?) 심정지? 그런 느낌? 병원에서 '삐-' 소리 나잖아요. 그런 느낌이에요. 이제 재미없어. 그리고 구독 취소를 하는 것일 거 아녜요? 그게 너무 충격적인 거예요. 재미없어졌어? 그럼 어떻게 하지? 하면서 오만 가지 생각이 다 들어요.

관심 경제하에서 유튜버들이 시청자로부터 받는 관심은 곧 수익이다. 이러한 환경에서 '관종끼'나 '관심병'은 본래의 뜻처럼 유별나거나, 병적인 상태를 뜻하지 않는다. 오히려 유튜버의 필요충분조건이 된다.

김메주: 사람들이 유튜브를 오래 할 수 있는 이유 중에 하나가 관종끼라고 생각하거든요. 왜냐면 기다리고 있는 사람이 있다는 걸 알잖아요. 어쨌든 반응이 있기 때문에 계속 올리는 거거든요. 그런 게 아니라면 아마 지속을 못할 거예요. 제가 영상을 올렸을 때 조회 수를 올려 주고, 시청해 주고, 댓글을 달고, 누군가와 공유하고, 이게 너무 재미있는 거지. 저도 수익성 때문에 시작했다고 했지만, 처음에는 그 수익이 얼마나 됐겠어요. 한 달에 만 원 정도밖에 안 되는데⋯⋯. 그런데 (영상을 올렸을 때) 받는 관심이 너무 즐거웠던 거죠. 사람들이 내 콘텐츠를 칭찬해 주고, 애(고양이)들 귀엽다고 해주고, '집사

님은 누구냐?' 저에 대해 궁금해 해주니까. 그게 즐거웠어요. 이게 다 관심이고, 전 그게 즐거운 거죠. 대부분의 유튜버들은 단언컨대 관종끼가 있어.

연애흥신소: 기본적으로 유튜버 하는 사람들은 99퍼센트 본인이 유명해지고 싶은 욕구가 있어서 하는 것일 거예요. 유튜버를 한다는 건, 관종 요소가 있어야 하기 때문에……. 진짜 그걸 바라지 않는 사람은 SNS 자체를 안 해요. 내가 유명해지고 싶고, 나를 알리고 싶고. 이런 욕구가 있는 거죠. 대답이 어떤 식으로 나오던 이건 '백퍼'라 생각해요.

무슨 이유로 유튜브를 시작했던 사람들의 관심을 즐긴다는 점에서 유튜버는 모두 '관종'이다. 채널에서 수익이 나기 위해서는 최근 12개월간 채널의 누적 시청 시간이 4000시간 이상, 채널 구독자 수가 1000명 이상이라는 조건을 만족시켜야 한다.[16] 인기가 많은 동영상 한두 개로는 성취하기 어려운 수치다. 성실하게 활동하고 꾸준히 시청자들의 관심을 받아 온 유튜버만이 경제적 가치를 창출할 수 있게 된다. 이 조건을 만족시키기까지 걸리는 기간은 천차만별이지만, 핵심은 직업 유튜버가 되려면 수익이 발생하지 않는 이 시기를 견뎌 내야 한다는 점이다.

유튜버들은 진심으로 관심을 즐겼기 때문에 수익이 발생하지 않는 기간에도 유튜브 활동을 지속할 수 있었다고 말한다. 즐거움에서 나오는 끈기가 수익 창출로 이어진 셈이다. '관종끼'는 유튜버가 갖춰야 할 기본자세이자, 수익이 발생하지 않는 초기 단계에도 활동을 지속하는 원동력이 된다. 지난한 무수익의 콘텐츠 제작 활동을 직업으로 전환시키는 힘의 원천이 곧 '관종끼'인 것이다. 진정으로 관심을 즐길 수 있는 사람들만이 직업 유튜버가 될 수 있다.

유튜브 라이브러리

유튜버들은 각자 다양한 방식으로 시청자의 관심을 끌어모은다. 콘텐츠에서 자신의 어떤 면을 상품화해 시청자에게 제공하는지에 따라 유튜버의 유형을 나눌 수 있다. 쓸모 있는 정보를 전달하는 정보형, 본인의 캐릭터를 통해 즐거움을 제공하는 캐릭터형, 시청자의 감각을 자극하는 감각형 등이다. 유형에 따라 제작하는 콘텐츠의 성격은 물론, 수익 구조도 다르다.

정보형 유튜버; 전문성이 아니라 진정성

정보형 유튜버는 정보를 상품화해 콘텐츠를 제작한다. 정보의 종류는 매우 다양하다. 일반적으로 정보의 범주에 들어가지 않는 사소한 이야기, 개인의 주관적인 판단도 시청자의 관심을 끌 수 있다면 정보로서의 가치가 있다. 정보형 유튜버는 주로 튜토리얼tutorial과 리액션reaction 및 리뷰review 콘텐츠를 제작한다. 튜토리얼 콘텐츠는 '~하는 법'과 같이 무언가를 하는 방법에 대한 정보를 전달하는 콘텐츠다. 케이 팝 안무를 따라출 수 있도록 가르쳐 주는 영상, 요리 과정을 보여 주는 쿡방, 특별한 뷰티 노하우를 전달하는 메이크업 콘텐츠 등이 대표적이다. 전문적인 정보를 다루기도 하지만, 대중적인 내용을 설명하는 경우가 많다. 이 콘텐츠의 매력은 유튜버만 알고 있었던 소소한 팁tip을 알 수 있다는 점이다.

썬님: 베이스 메이크업을 할 때 이렇게 얼굴 안쪽에 제품 자체를 두껍게 발라 주면 얼굴 외곽 쪽보다 훨씬 더 볼륨감 있게 보여요. 예를 들면 그림 그릴 때 가까이 있는 물체에 물감을 더 많이 발라서 묘사해 주는 원리랑 비슷한 거죠.[17]

소프: 가장 중요한 건 어묵이에요. 어묵을 저는 불려요. 그래야 길거리 떡볶이 맛이 나. 물 500밀리에 다시마 살짝. 어묵 썰어서 같이 넣고 끓여 준다. 그리고 파. 개인적으로 이 파가 정말 맛있어. 다 익고 난 다음에도 정말 맛있어. 그냥 넉넉히 넣어 주는 게 좋아요.[18]

'인스타그램에 셀카를 올리고 싶어지는 메이크업'이라는 구체적인 주제부터 떡볶이라는 대중적인 소재까지, 튜토리얼 콘텐츠는 소소하지만 디테일하고, 활용도 높은 팁을 알기 쉽게 설명한다. 스포츠, 교육, 일상 등 다양한 분야에서 튜토리얼 콘텐츠가 제작되고 있다.

리뷰 및 리액션 콘텐츠는 제품에 대한 반응이나 이용 후기를 담는다. 아이들의 장난감을 직접 가지고 놀아 보고 장단점과 가격 대비 질 등을 평가하는 키즈 제품 리뷰 영상, 뮤직비디오를 보면서 반응을 담는 리액션 영상 등이 대표적이다. 이러한 콘텐츠들은 제품에 대한 유튜버의 주관적인 감상을 상세하게 전달한다.

> 밴쯔: 국물 맛은 전날에 시킨 순두부찌개가 조금 남았는데 거기다가 육개장 사발면 있잖아요. 그거를 같이 넣어서 먹는 것 같아요. 면 두께도 육개장 사발면처럼 되게 얇고요. 순두부찌개가 미세하게 느껴지는 느낌? 그런데 맛있긴 하다.[19]

먹방 유튜버 밴쯔의 리뷰는 제품의 맛이 머릿속에 그려지는 듯한, 쉽고 정확한 묘사와 솔직한 내용이 인상적이다. 유튜버들의 리뷰 콘텐츠는 시청자들의 제품 구매와 직결된다. 시청자들은 밴쯔가 라면을 맛있게 먹는 장면을 보고 제품을 구매해 먹고 싶어질 것이다. 시청자의 제품 구매와 직결되는 콘텐츠이기 때문에 정보형 유튜버와 시청자 사이에는 암묵적인 약속이 있다. 유튜버의 감상이 거짓 없이 솔직해야 한다는 점이다.

정보형 유튜버는 본인이 제공하는 정보에 대한 시청자의 믿음을 쌓아 간다. 수익은 신뢰에서 나온다. 정보의 전문성이나 객관성에 관한 것이 아니라, 진정성에 대한 신뢰다. 광고주는 시청자와 두터운 신뢰를 쌓은 유튜버에게 시딩seeding이나 브랜드 컬래버레이션 등의 형태로 제품 광고를 의뢰한다.

시딩은 특정 아이템을 반복적으로 노출시켜 대중에게 '이것이 요즘 유행인가 보다' 하는 제품 인식을 심어 주는 마케팅이다. 제품과 관련 있는 콘텐츠를 제작하는 유튜버들에게 선물이나 증정 형태로 제품을 보내 주는 방식이다. 인지도가 높은 유튜버의 경우 제품 노출의 대가로 거액을 지불받기도 한다. 시딩은 제품을 유튜버에게 제공하지만, 콘텐츠 제작 의뢰를 하는 것은 아니다. 따라서 제품이 실제로 소개될지는 유튜버의 선택에 달렸다. 유튜버가 제품을 활용해 콘텐츠를 제작한다고 해도, 어떤 내용이 담길지 광고주 측에서 알 수 없다는 점에서 PPL과 다르다.

브랜드 컬래버레이션은 브랜드가 유튜버와 협업해 사전 기획을 바탕으로 온라인용 제품 광고를 제작하거나, 컬래버레이션 제품을 출시하는 형태다. 전자는 유튜버가 영상 기획자이자 제작자, 그리고 출연자로서 광고 영상 제작에 참여하는 것이며, 후자는 유튜버가 사업가로서 제품 생산에 기여하는 형식이다. 유튜버의 영향력과 브랜드 네임이 시너지 효과를 낼 수 있다는 장점이 있다.

정보형 유튜버가 부가 수익을 창출하는 기반은 시청자와의 신뢰다. 시청자들은 정보형 유튜버가 제공하는 정보가 주관적일지언정 거짓은 아닐 것이라는 신뢰를 갖고 있다. 유튜버들이 제품 후원을 받거나 컬래버레이션 영상을 제작했을 경우에는 영상 제목이나 설명란에 이 사실을 밝히는 것이 시청자와의 암묵적인 약속이다.

캐릭터형 유튜버; 나만 보여 줄 수 있는 것

캐릭터형 유튜버는 자신의 캐릭터를 상품화한다. 본인 특유의 성격이나 재능을 담은 개성 강한 콘텐츠를 만든다. 일상, 패러디, 제품 리뷰 등 장르를 불문하고 다양한 내용을 담는 것이 특징이다. 중구난방일 것 같지만, 그 다양한 주제들은 유튜버의 캐릭터성을 통해 하나로 묶인다. 대체로 우습거나, 엽기적이거나, 엉뚱한 하위문화 성격의 콘텐츠를 제작하는 유튜버가 많다.

캐릭터형 유튜버는 에피소드episode형, 패러디parody형 콘텐츠를 제작한다. 에피소드형 콘텐츠는 시시콜콜한 일상을 담은 콘텐츠다. 브이로그v-log[20]와 커플 콘텐츠가 대표적이다. 누구나 겪어 봤을 일상을 다루지만, 유튜버가 가진 캐릭터성으로 특별한 재미를 선사한다. 사생활을 공개하기 때문에 시청자의 궁금증을 유발하기도 하고, 시청자들이 유튜버의 일상을 엿보면서 공감대가 형성되어 유튜버에게 강한 친근감을 느끼기도 한다.

구독자가 약 95만 명인 커플 유튜버 '소근커플'은 자신들의 일상과 데이트 모습을 콘텐츠에 담는다. 평범하고 일상적인 내용이지만, 소근커플 특유의 사랑스러운 캐릭터가 평범한 일상을 돋보이게 만든다. 이렇게 평범한 일상에서 특별한 캐릭터가 드러나는 것이 에피소드형 콘텐츠의 매력이다.

패러디형 콘텐츠는 기존 방송물이나 작품, 또는 이슈가 된 소재를 흉내 내 본인만의 캐릭터로 재해석하는 콘텐츠다. 커버 댄스가 대표적이다. 여러 유튜버들이 같은 소재를 다루는 경우가 많지만, 내용은 유튜버의 캐릭터에 따라 다르다.

구독자 164만 명의 '퇴경아 약먹자' 채널을 운영하는 유튜버 고퇴경과 구독자 318만 명인 '어썸하은' 채널의 유튜버 하은은 모두 케이 팝 아이돌 댄스를 커버하는 영상을 찍는다. 이들은 댄스 영상을 제작하지만 춤추는 법을 알려 주기보다는 본인이 가지고 있는 캐릭터를 앞세운다. 고퇴경은 코믹한

표정과 몸짓으로 우스꽝스럽지만 완벽하게 연마한 안무를 선보인다. 하은은 어린 나이에 비해 뛰어난 춤 솜씨를 보여 주는데, 특유의 귀여움과 앙증맞은 표정으로 수많은 팬을 보유하고 있다. 시청자들은 이들의 콘텐츠를 통해 춤추는 방법을 배우기보다는 유튜버의 캐릭터를 보며 즐거움을 느끼려 한다.

캐릭터형 유튜버는 본인의 개성과 캐릭터를 사랑하는 시청자들로 구성된 팬덤을 통해 부가 수익을 창출한다. 홍보 모델 활동과 브랜드 사업이 대표적이다. 소근커플은 의류 모델로서 커플 화보를 찍은 적이 있다. 촬영의 콘셉트 역시 그동안 소근커플이 유튜브 채널에서 강조해 온 캐릭터인 사랑스러움이다. 이처럼 팬과 유명세를 확보한 캐릭터형 유튜버는 좋은 광고 효과를 낼 수 있다. 캐릭터형 유튜버의 경우 평소 좋은 이미지를 쌓아 놓는 것이 수익 창출에 유리한 이유다.

캐릭터형 유튜버는 본인의 캐릭터를 브랜드화해 제3의 사업을 시작하기도 한다. MCN 회사 샌드박스 네트워크는 소속 유튜버의 브랜드 사업을 적극적으로 추진하고 있다. '샌드박스 스토어'라는 온라인 쇼핑몰에서 유명 유튜버들의 캐릭터를 만들고, 이를 활용해 다양한 굿즈를 제작해 판매한다. 유튜버 고퇴경은 에세이를 발간하기도 했다. 본업은 약사이지만 퇴근 후에는 유튜브 스타로 활동하고 있는 자신의 이야기를 담았다.

감각형 유튜버: 분위기라는 상품

감각형 유튜버는 시청자에게 전달하는 감각을 상품화한다. 특정한 자극이나 느낌을 전달하는 콘텐츠를 주로 제작한다. 이 분야에서는 새로운 장르가 활발히 형성되고 있다. ASMR, 스터디 위드 미study with me가 대표적이다. 대중적인 장르로 자리 잡은 '먹방'은 감각형 유튜버의 시발점이었다. 감각형 유튜버는 앞으로도 새로운 콘텐츠 장르를 지속적으로 만들어 낼 가능성이 높다.

감각형 유튜버의 콘텐츠는 자극형stimulating 콘텐츠와 역할형role-playing 콘텐츠로 나눌 수 있다. 자극형 콘텐츠는 시청자에게 직접적으로 감각적인 경험을 전달한다. 자극을 통해 시청자의 특정 욕구를 해소해 준다는 매력이 있어 마니아층을 형성하고 있다. 청각을 자극하는 ASMR과 미각을 자극하는 먹방 콘텐츠가 대표적이다. ASMR은 정신적 안정감을 주는 소리를 담은 콘텐츠다. 귀를 간지럽히는 소리나 속삭이는 소리, 연필로 글씨를 쓰는 소리 등을 일정 시간 동안 들려준다. 구독자 126만 명의 '꿀꿀선아' 채널을 운영하는 유튜버 선아는 아무런 대사 없이 귀 모양의 마이크를 상대로 귀이개와 면봉을 사용해 귀를 청소하는 듯한 소리를 전달한다.[21] 이러한 영상은 시청자들에게 심리적 안정감을 주고, 수면에 도움을 주기도 한다. 먹방 역시 특별한 구성 없이 먹는 모습을 오랫동안 보여 주는 영상으로, 시청자의 미각을 자극한다.

롤플레잉 콘텐츠에서는 유튜버가 특정한 상황을 설정하고 행동하면서 감각적인 분위기를 제공한다. 영상에서 분위기를 형성하고, 지속적으로 보여 줌으로써 시청자가 그 분위기를 느낄 수 있게 하는 것이다. 스터디 위드 미, 상황극 등의 형식이 있다.

스터디 위드 미 콘텐츠는 대사 없이 공부하는 모습을 지속적으로 보여 준다. 실시간 방송일 경우에는 시청자와 약속한 시간에 공부를 멈추고 채팅창을 통해 시청자와 대화를 나누기도 한다. 많은 사람들이 함께 공부하는 도서관 같은 장소에서 집중력이 높아지듯이, 함께 공부하는 분위기를 형성해 집중력을 높이는 것이다. 상황극을 통한 롤플레잉 콘텐츠는 주로 누군가 시청자를 돌봐 주는 듯한 분위기를 전달하는 ASMR 콘텐츠로 제작된다. 시청자가 안정감을 느끼는 것을 목표로 하기 때문에, 피부 관리실이나 미용실처럼 케어를 받는 상황이 주제가 되는 경우가 많다.

감각형 유튜버는 감각과 분위기를 전달하는 섬세한 콘텐츠를 제작하기 때문에, 시청자를 배려해 영상 중간에 등장하는 광고를 최대한 지양한다. 유튜버는 영상을 업로드할 때 원하는 형태의 광고를 선택할 수 있다. 이때 감각형 유튜버는 동영상 형태의 인스트림in-stream 광고 대신 동영상 하단에 이미지나 텍스트로 나타나는 오버레이overlay 광고만 선택하는 것이 보통이다. 따라서 감각형 유튜버들은 다른 유형 유튜버에 비해 유튜브 내 광고 수익이 상대적으로 적다. 감각형 유튜버들이 실시간 스트리밍 시스템을 적극적으로 활용하는 이유다. 이들의 콘텐츠는 다른 유형 유튜버들의 영상보다 길이가 길고, 편집이 많이 필요하지 않기 때문에, 스트리밍을 하는 것이 수익 면에서 유리하다.

스트리밍 중에는 슈퍼챗Super Chat을 통해 시청자들로부터 후원을 받을 수 있다. 아프리카TV의 별풍선과 같은 개념이다. 시청자들이 생방송 채팅 창에서 후원 금액을 설정하고, 원하는 메시지를 함께 입력해 보낸다. 전달된 메시지는 글에 색상이 입혀지면서 강조되고, 일정 시간 동안 상단에 고정된다. 시청자 입장에서는 자신이 좋아하는 방송 진행자를 쉽게 후원하면서, 원하는 메시지를 돋보이게 게시해 유튜버의 관심을 더 많이 받을 기회를 얻는 셈이다.

유튜버들은 정보형, 캐릭터형, 감각형 중 자신이 가장 잘할 수 있는 분야를 선택해 활동한다. 하지만 이 유형의 경계가 분명히 나누어지는 것은 아니다. 인기를 얻은 후에는 직업 유튜버로서 수익을 극대화하기 위해 다른 분야의 콘텐츠도 만들기 때문이다. 정보형 콘텐츠로 유튜브에 진입했던 유튜버가 인지도를 얻고 나면 자신의 일상을 담은 캐릭터형 콘텐츠를 만들고, 먹방 등 감각형 콘텐츠를 만들기도 하는 식이다. 팬덤이 형성된 후에는 다양한 콘텐츠를 다루는 것이 인기를 극대화하는 방법이다. 결국 직업 유튜버들의 목표는 더 많은 관심을 얻는 것이다. 유튜버들은 진입 초기에는 자신에게 맞는 콘텐츠를 찾아 제작하면서 팬덤을 형성하고, 유명세를 얻은 후에는 다양한 콘텐츠를 제작하면서 관심을 경영하고 있었다.

기획자 겸 제작자 겸 사업가

유튜버에게 기획의 기본은 스치듯 떠오르는 생각이나 재미있고 기발한 아이디어를 자유롭게 '막 던지는' 것이다. 비록 엉뚱할지라도, 틀에 갇히지 않고 끊임없이 의외의 생각을 해내야 한다. 여기서 유튜버의 창의력이 발현되고, 새로운 콘텐츠의 가치가 생긴다.

> 오!마주: 평소에 이상한 생각을 많이 하는 편이에요. 생각을 하다가 영상으로 만들면 재미있을 것 같은 아이디어들을 그때그때 노트에 기록하죠. 예를 들면 '부채살로 부채 만들기' 같은 거요.

오!마주는 평소 꾸준히 정리해 온 아이디어 노트를 보여주었다. 갑자기 아이디어가 떠오르면 잊어버리기 전에 적고, 때로는 그림도 그려 넣는다. 레고로 피짓 스피너fidget spinner[22] 만들기, 먹을 수 있는 액체 괴물[23] 만들기 등이 적혀 있었다. 무작위로 던져진 아이디어들은 소재 선택 단계에서 일차적으로 걸러진다. 이 과정에서 영상의 대본을 쓰거나 콘티continuity[24]를 그린다는 팀도 있었다. 파뿌리 팀의 경우에는 구체적이고 명확한 매뉴얼을 가지고 있었다. 아이디어는 자유롭게 '막 던지'되, 검증된 인기 포맷을 결합해 세밀하게 계획한 후에 제작한다.

파뿌리: 그동안 생각했던 것들을 쫙 펼쳐 놓고 영상에 담을 것들을 하나씩 정해서 들고 가는 거예요. 예를 들어서, 저희 채널에서 가장 크게 드러나는 것이 '옥탑방'이라는 장소에서 느껴지는 '짠 내'예요. 여기에 트렌드 하나를 가지고 옵니다. 한때 '돈스파이크 스테이크'[25]가 실검[26]을 장악했었죠. 그럼 그걸 가지고 옵니다. 또 시청자들이 좋아할 만한 쿡방이라는 포맷을 가지고 와요. 그런 다음 한마디로 정리해 보는 거죠. '옥탑방에서 돈스파이크 스테이크를 쿡방하는 영상' 이렇게. 그리고 디테일을 짜는 거예요. 안 그러면 중구난방이 되거든요. 그냥 막 찍고 싶은 대로 찍는 사람들도 많이 있는데, 저희는 장기적으로 보는 입장이고, 프로페셔널하게 이 채널을 이끌어 가고 싶다는 욕심이 있으니까. 우리 채널 색깔을 담은 영상을 만들기 위해서 이런 체계를 만들었어요.

유튜버들은 자신의 콘텐츠의 일관성을 철저히 유지하면서 콘텐츠를 기획하고 있었다. 시청자가 본인의 채널에서 어떤 콘텐츠를 기대할지 고민해 정체성을 구축하고, 그 정체성을 벗어나지 않는 선에서 기획하는 것이다. 일정한 목표와 계획을 가지고 채널을 지속적으로 관리하는 모습은 사업체를 경영하는 비즈니스맨과 닮아 있었다. 유튜버는 채널이라는 하나의 브랜드를 경영하는 사업가로서 어떤 아이템이든 본인 채널에 맞게 자기화할 수 있어야 한다. 여러 유튜버들이 같은 아이템을 다룰지라도, 콘텐츠는 달라야 한다. 예를 들어 파뿌리 팀은 본인 채널의 정체성에 맞게 비싼 소고기 대신 저렴한 돼지고기 앞다리로 '짠내'나는 돈스파이크 스테이크 먹방을 했다면, 많이 먹는 것으로 유명한 먹방 유튜버들은 3킬로그램, 8킬로그램에 달하는 거대 돈스파이크 스테이크 먹방을, ASMR 유튜버들은 돈스파이크 스테이크로 이팅 사운드eating sound 콘텐츠를 제작한다. 자신만의 색깔을 만드는 것은 곧 다른 유튜버들과의 차별화 전략이기도 하다. 자신의 채널 내 콘텐츠에 일관성을 만들기 위한 각 유튜버의 노력은 유튜브 플랫폼 전체에서는 콘텐츠의 다양성을 확대한다.

유튜버는 채널의 수익을 확장하기 위해 광고 의뢰 여부와 상관없이 기획 단계에서부터 광고주와 커뮤니케이션하기도 한다. 광고 의뢰를 받은 경우에는 광고주와 함께 일하며 의견을 조율하고 기획 방향을 잡는 것이 당연하지만, 설령 광고 의뢰가 없었더라도 잠재적 광고주들과 간접적으로 커뮤니케이션을 시도한다는 점에서 독특한 방식이다.

D: 저희는 한 영상당 한 브랜드를 정해서 그 브랜드의 제품만 리뷰해요. 그래야 저희가 전달하는 정보가 깔끔해지는 느낌을 받아서 그러는 거기도 한데, 사실 '우리가 당신들의 제품으로

이렇게 좋은 콘텐츠를 만들어 줄 수 있어요~' 하는 거죠. '광고 부탁하시면 잘 만들어 드릴게요~' 이런 거요.

광고주를 염두에 두고 기획하면서 유튜버는 사업가로서의 역량을 발휘한다. 어떻게 해야 광고 의뢰가 들어올지, 광고의 수요자인 광고주 입장에서 생각한다. 즉 유튜버가 광고나 협찬을 받는 것은 우연한 행운이 아니라 철저한 기획의 결과물이라고 할 수 있다. 광고 수주를 위해서는 시청자들과의 신뢰를 쌓는 방식으로 영상을 기획하는 것이 중요하다고 말한 유튜버도 있었다.

A: 화장품 협찬을 받고 싶어서 내가 실제 사용하고 있는 화장품 두 개를 리뷰하는 영상을 찍었어요. 사람들에게 믿음을 주는 거죠. 실제 내가 사용하는 화장품을 보여 주고 리뷰하는 영상으로 신뢰를 쌓아 가는 거예요. 그러면 내가 나중에 광고를 해도 (시청자들이) 불쾌해하지는 않죠. 여러 콘텐츠로 (협찬을 받을 수 있는) 토대를 닦아 두는 거예요.

A는 원하는 광고 제품의 리뷰 영상을 협찬을 받지 않은 상태에서 제작해 업로드했다. 이런 영상은 광고주에게는 광고를 맡기면 자신의 제품을 어떻게 광고해 줄지 예상할 수 있

는 트라이얼trial 영상이 되고, 시청자에게는 유튜버가 협찬 영상을 제작하더라도 객관적인 정보를 제공할 것이라는 믿음을 준다. 시청자와의 신뢰는 채널이 광고 등으로 수익을 내면서 비즈니스의 성격을 띠게 되었을 때, 시청자들이 거부감을 느껴 채널을 떠나는 리스크를 줄인다. 수익을 위해서는 광고가 필요하지만, 지나친 광고는 시청자에게 거부감을 준다는 문제를 해결할 수 있는 방법이다.

자연스럽게 과장하라

유튜버는 다양한 촬영 및 편집 장비를 사용해 영상을 제작한다. 스마트폰을 사용해 촬영하는 경우도 있었지만, 대부분은 전문 프로듀서가 사용하는 장비 못지않게 좋은 성능을 가진 카메라를 사용하고 있었다. 그 외에도 조명, 마이크 등 영상의 질을 향상시킬 수 있는 다양한 장비를 갖추고 있었다.

하지만 프로듀서와는 달리, 유튜버는 연예인처럼 카메라 앞에서의 퍼포밍도 직접 한다. 연예인들이 어떤 채널에서든 본인의 일관된 이미지를 유지하는 것처럼, 유튜버도 카메라 앞에서 자신만이 가지고 있는 이미지를 연출하고 이를 극대화하는 데 신경을 쓴다. 전문적인 이미지를 부각하기 위해 특정한 말투를 사용하고, 어법을 지키며, 신뢰를 주는 외관을 연출하는 데에 공을 들이기도 하고, 유머러스한 채널 분위기를 극대화하기 위해 엽기적인 표정을 짓거나 우스꽝스러운 상황을 연출하기도 한다. 영상 콘텐츠에 출연하는 사람으로서 자신만의 이미지를 만들고 관리하는 셈이다.

> 파뿌리: 서로가 어떤 사람인지를 주위에 물어봐요. "야, 내가 어때?" "너 치사해." 그럼 '치사함', '비열함'……. 이렇게 쭉 써보는 거죠. 그리고 그중에서도 (영상 촬영 때) 극화시킬 수 있는, 좀 더 과장할 수 있는 걸 골라요. 그러니까 애(파트너)가 되게 불쌍해 보이고 짠 내 난다는 기질을 가지고 있으면, 제가 애를 구박하고 놀려야 그게 더 극대화된다는 것을 저희가 알고 있기 때문에 촬영 때 그런 부분을 전면으로 내세워요. 이런 우리의 캐릭터를 극화시켰을 때, 우리가 매력적일 수 있다는 것을 계속 생각하는 거죠.

파뿌리 팀의 말처럼, 유튜버가 연예인처럼 퍼포먼스한다는 것은 자신의 본래 성격을 더 극적으로 연출하는 것이며, 자신에게 없는 이미지를 거짓으로 만들어 낸다는 의미는 아니다. 유튜버에게는 연예인들과는 다르게 자연스러움에서 오는 날 것 그대로의 모습을 보여 주는 것도 중요하기 때문이다.

> 코코넛 채널: 저희는 리뷰할 때 최대한 정말로 사전에 안 보고

하려고 하거든요. 그냥 시작! 해 가지고 처음 보는 게 막 나오는 거죠. 그래서 가끔은 틀어 놓고 아무 말도 못할 때도 있어요. 무슨 말을 해야 할지 모르겠는? 그럼 아무 말 안 한 체로 그냥 나갈 때도 있고요. 그래서 아무 말 안 하는 리뷰도 많아요. (웃음)

유튜버의 자연스러운 모습에서 우러나는 솔직함은 유튜브 콘텐츠의 가장 큰 매력이다. 예를 들어 뷰티 유튜버들은 메이크업 튜토리얼 영상 촬영을 위해 과감하게 화장기 없는 얼굴을 공개한다. 홍조나 피부 트러블이 있어도 부끄러워하지 않는다. 시청자들은 이렇게 거침없는 유튜버의 솔직한 모습에서 매력을 느끼고 팬이 된다. 뷰티 유튜버라고 해도 마냥 예쁜 모습만 보이려고 노력하지는 않는다. 유튜버의 촬영은 개성 있는 퍼포먼스를 하되, 자신의 모습을 있는 그대로 전달하는 데 중점을 두고 진행되고 있었다.

스토리, 스토리, 스토리

촬영된 영상은 편집을 통해 퀄리티를 높인다. 편집은 가장 많은 시간을 투자하는 단계다. 유튜버들은 적게는 두 시간부터, 많게는 며칠을 편집에 매달리고 있었다. 기성 미디어 업계 프로듀서들의 편집 과정만큼 체계적이고 전문적으로 편집하는 경우도 있었다. A가 대표적이다.

A: 촬영한 영상들 중에서 쓸 것, 안 쓸 것을 추려 내요. 그렇게 엄선한 것을 타임라인(편집 툴)에 넣고 말이 반복되거나 씹히는 부분들을 하나하나 다 잘라 내요. 앞에는 미리 만들어 놓은 오프닝 영상을 넣어요. 또 너무 똑같은 각도에서 계속 말을 하면 지겹단 말이에요? 그래서 다른 각도에서 찍은 영상을 쓰거나, 화면을 확대, 축소해 가면서 각도 변화를 줘요. 적당할 때 이미지도 검색해서 넣고, 부연 설명이 필요하면 하단에 자막을 넣고 효과음도 넣죠. 뿅뿅! 띠리링~ 같은 거요. 재미지게! 마지막엔 아웃트로를 넣습니다. '구독해 주시고, 좋아요를 눌러 주세요~'와 같은 영상이죠. 그럼 영상 자체는 일차적으로 완성된 거예요. 여기서부터 영상 밝기와 분위기를 조정해요. 정면 밝기는 225, 측면은 230, 105 값을 넣는 게 보통이에요. 계속 똑같으면 지겹잖아요. 색감을 바꿔 가면서 분위기를 바꿔 주죠. 다음엔 배경 음악을 넣어요. 배경 음악은 영상당 서너 개 정도 들어가는데, 분위기가 달라질 때마다 다른 걸 써요. 그리고 처음부터 끝까지 다시 보고, 또 고칠 것은 고치고 렌더링(rendering)해서 영상을 추출합니다.

A는 이 단계에 대한 자신만의 기술적인 노하우와 매뉴얼을 만들어 낸 사례다. 하지만 영상의 퀄리티가 편집의 기술적인 측면에만 좌우되는 것은 아니다. 화려한 기술 없이 단순

히 영상을 잘라 내고, 붙이는 과정만 거쳐도 충분히 재미있고 좋은 영상을 만들 수 있다. 기본적인 편집 기술을 배우는 일도 크게 어렵지 않다. 유튜버 대부분은 편집 관련 도서를 구입해 독학으로 편집 기술을 익히거나, 편집 프로그램을 이 버튼 저 버튼 눌러 가며 직접 사용해 보고 편집 방식을 익힌다.

그럼에도 모든 유튜버들이 편집을 가장 힘들다고 말하는 이유는 영상을 어떻게 잘라 내고 붙여서 스토리텔링storytelling해야 시청자들이 좋아할지 끝없이 고민해야 하기 때문이다. 그래서 편집은 기술에 익숙하고 경험이 많아도 힘든 과정일 수밖에 없다. 영상 관련 전공을 해서 편집에 익숙한 D 또한 편집이 가장 지난한 과정이라는 데에 동의하고 있었다.

그래서 시간과의 싸움을 하고 있는 겸업 유튜버 중에는 수익이 줄거나 마이너스가 되더라도 외주 인력을 고용해 편집 일을 맡기는 경우가 있다.

선택받는 영상은 따로 있다

영상 제작이 완료되면 홍보가 필요하다. 영상이 최대한 많은 사람들에게 노출되고, 도달할 수 있도록 만드는 것이다. 크게는 영상을 업로드하기 전에 하는 사전 홍보, 업로드한 뒤의 사후 홍보가 있다. 영상을 올리기 전에는 유튜브의 메타데이터metadata[27]를 활용하고, 시청자 생활 패턴을 파악하여 도달을

늘리고, 효과적인 섬네일thumbnail[28]을 제작해 시청자의 환심을 사는 데에 집중한다. 영상을 업로드한 후에는 SNS나 커뮤니티 사이트 등을 이용해 콘텐츠를 홍보한다.

유튜브 알고리즘은 기본적으로 검색창에 입력된 내용과 관련이 높은 동영상을 순서대로 나열해 시청자들에게 노출한다. 동영상 제목과 동영상 설명에 쓰여 있는 단어, 즉 메타데이터가 얼마나 검색어와 관련이 있고 적합한가를 따져 순위를 매기고, 그 결과를 보여 주는 것이다. 따라서 동영상의 제목과 설명 내용을 사람들이 검색할 만한 단어들로 구성하면 시청자들이 검색을 통해 채널에 유입될 확률이 높다. 그렇다면 사람들이 검색할 만한 단어는 어떻게 가늠할 수 있을까?

A: 예를 들어서 저희가 영국 발음을 배우는 영상을 올린다 하면, 유튜브(검색창)에다가 '영국'이라고 치는 거죠. 그럼 '영국 남자', '영국 음식' 쫙 나오잖아요? 그중에서 나에게 필요한 단어들을 발췌해요. 내가 생각할 수 있는 검색을 다 쳐보는 거죠. 처음에는 유튜브에 치고, 구글에도 쳐봐요. 유튜브는 사람들이 영상으로 보고 싶은 것을 검색하잖아요? 그런데 구글은 정보를 얻고 싶을 때 많이 사용해요. 그래서 구글에 쳐 보면 더 확장된 개념의 단어들을 많이 발췌할 수 있어요. 이렇게 얻은 단어들로 해시태그도 달고, 영상 제목이랑 내용도 작성해

요. 이런 걸 메타데이터라고 하죠. 특히 내용은 문법에 맞지 않아도 발췌한 검색어들로 글을 써요. 그래야 검색이 잘 되니까. 1년 넘게 하면서 실험을 많이 했어요. 이 영상은 왜 사람들이 유입이 많이 안 될까. 이건 왜 이렇게 잘됐고, 이건 또 왜 이렇게 잘 안됐을까. 계속 생각하면서 알아낸 것들이죠.

구글과 같은 검색 엔진의 검색창에 특정 단어를 기입하면, 그 아래로 관련 검색어들이 리스트 형태로 추천된다. 이것은 해당 플랫폼이 오랜 시간 동안 사용자들의 검색 기록을 바탕으로 쌓아 놓은 데이터베이스다. 따라서 유튜브 영상이 검색 결과에 더 많이 노출되기 위해 필요한 단어를 구성하는 데 매우 유용하다. 유튜브 측에서도 메타데이터를 구성할 때 전 세계 검색어 동향을 살펴보며 트렌드를 파악할 수 있는 구글 트렌드Google Trend를 참고할 것을 권장하고 있다.

유튜버들은 다양한 방식으로 메타데이터를 활용하는 요령을 터득하고 있다. A처럼 여러 가지 시도를 해 보면서 스스로 깨닫거나, 유튜브에서 제공하는 교육 동영상을 공부하거나[29], 관련 서적을 읽고, 행사에 참가해서 다른 유튜버나 유튜브 관계자들로부터 전해 듣는 식이다. 유튜버가 메타데이터와 관련한 정보를 얻고, 더 잘 활용하려고 애쓰는 이유는 시청자들에게 선택받을 기회를 얻기 위해서다. 일단 시청자의 눈에 띄어야 한다. 노출조차 되지 않는다면 선택될 기회 자체를 얻지 못한다.

같은 맥락에서 채널이 타깃으로 삼고 있는 시청자의 연령대와 생활 패턴을 파악해 영상 업로드 시간을 설정하는 유튜버도 있었다. 일반적으로 유튜브 콘텐츠는 스마트폰으로 소비되는 경향이 있고, 연령대에 따라 스마트폰을 집중적으로 사용하는 시간을 예상할 수 있다는 것이다. 학교에서 대부분의 시간을 보내는 10대의 경우에는 등교 시간인 오전 7~8시, 점심시간인 오후 12~1시에 스마트폰을 집중적으로 사용할 것이라고 예상할 수 있다.

오!마주: 유튜브 채널에 들어가면 본인 채널을 분석할 수 있는 통계 자료가 나와요. 그걸 다 봐요. 저 같은 경우에는 어린애들을 타깃으로 하다 보니까 아침 일찍 영상을 올리는 게 좋다는 걸 알게 됐어요. 부지런한 부모들은 애들을 일찍 재우고 일찍 깨우잖아요? 저희 삼촌네 애들도 6시, 6시 30분이면 일어나는 것 같아요. 그때 깨어나면 애들이 핸드폰을 하나 봐요. 그래서 아침에 조회 수가 많이 올라가요. 그래서 저는 업로드를 아침 6시 30분에 해요. 멋모르는 사람들은 오후 5시나 6시에 영상을 업로드하는데, 그때는 너무 많은 영상들이 업로드되는 시간이거든요. 그럼 제 영상이 뒤로 밀리는 거예요. 핸드폰은

(다음 영상을 보려면 스크롤을) 쭉쭉 내려야 하잖아요? 언제까지 내릴 거야. 귀찮아져서 어느 정도 내려가다 또 만단 말예요. 그래서 아침에 영상을 올려도 된다는 기준을 갖게 됐어요.

오!마주는 유튜브에서 제공하는 통계 자료를 활용해 본인 채널의 타깃인 아이들의 생활 패턴을 파악해 냈다. 일반적으로 스마트폰 사용이 많은 등하교, 출퇴근 시간에 영상을 업로드하는 것은 오히려 콘텐츠가 묻히는 역효과가 발생할 수 있어 지양하고, 의외의 시간대를 전략적으로 찾아 콘텐츠를 업로드함으로써 타 유튜버들과의 치열한 경쟁을 피했다. 이 또한 자신이 가진 데이터를 전략적으로 활용해 영상 노출은 최대화하고, 시청자들로부터 선택받을 확률은 높이는 영리한 방법이다.

마지막 사전 홍보 방식으로 섬네일 제작이 있다. 시청자들은 눈앞에 펼쳐진 다양한 유튜브 콘텐츠에 대해 선택의 권한을 쥐고 있다. 영상의 시청 여부를 최종 결정하게 하는 것이 바로 섬네일이다. 시청자들은 섬네일을 보고 대략적인 영상 내용을 짐작한 후, 콘텐츠가 유용하거나 재미있을 것이라는 기대가 생겼을 때 해당 영상을 소비한다. 따라서 매력적인 섬네일을 만들어 시청자가 자신의 영상을 최종적으로 선택하도록 하는 것은 유튜버에게 매우 중요한 일이다.

오!마주: 섬네일에 유독 시간을 많이 들여요. 영화의 포스터 같은 거니까. 섬네일을 보고 시청자들이 자기 판단을 통해서 영상을 클릭하는 거잖아요? 내가 영상을 기껏 만들어 놔도 사람들이 클릭하지 않으면 아무 소용이 없는 거니까 더 신경이 쓰이는 것 같아요. 섬네일 없이 그냥 영상을 올리면, 영상 프레임 중 아무거나 섬네일 이미지로 잡혀서 올라가는데, 그렇게 하면 확실히 조회 수가 많이 안 나와요.

섬네일은 시청자의 흥미를 끌 수 있도록 자극적이고, 콘텐츠 내용이 한눈에 들어오며, 궁금증을 유발하도록 만드는 것이 기본이다. 그 외에도 A는 섬네일에 유튜버 본인의 얼굴이 들어가는 것이 효과적이라고 말했다. 자신이 좋아하는 가수들을 소개하는 영상 섬네일에 해당 가수들의 얼굴만을 넣은 적이 있는데, 유독 조회 수가 낮게 나왔다는 것이다. 유명인보다도 유튜버 본인의 얼굴을 넣었을 때 더 높은 조회 수가 나오는 것을 실험적으로 확인한 셈이다. 이는 중요한 발견이다. 시청자들이 유튜브 콘텐츠에 기대하는 것은 유명인이 아니라, 평범하지만 독특한 재미를 주는 유튜버다. 섬네일에는 흥미를 끄는 내용과 함께 시청자들이 기대하는 유튜버 본인의 모습을 넣는 것이 좋다.

업로드 후에도 홍보는 계속된다. 페이스북이나 인스타

그램, 유명 커뮤니티 사이트와 같은 제3의 플랫폼에서 맞춤형 홍보를 해야 한다.

> A: 페이스북은 지인을 통해 장사하는 것이고, 인스타그램은 조금 더 불특정 다수에게 노출될 확률이 높아요. 그래서 나에게 좀 더 포커스가 맞춰져 있는 영상이라면 페이스북에 홍보를 많이 하고, 처음으로 시도하는 것이나 그저 웃긴 영상이라면 모르는 사람들에게 더 많이 닿을 수 있는 인스타그램에 올리는 편이죠. 커뮤니티 사이트도 많이 이용해요. 제가 만든 영상과 관련 있는 커뮤니티에 제 영상을 올리는 거죠. 그럼 사람들이 엄청나게 (채널로) 유입돼요. 예를 들어 네이버는 네이버 자체의 동영상 플랫폼이 있기 때문에 유튜브 영상을 최대한 배제해요. 하지만 우리나라는 네이버를 많이 사용하니까, 네이버 카페에 저희 영상이 올라가고 반응을 얻으면 어마어마한 사람들이 그 경로로 유입돼서 저희 채널로 들어오거든요.

사후 홍보에 대한 부정적인 평가도 많았다. 조회 수를 일시적으로 올리기에 용이할 뿐, 장기적으로는 효과적이지 못하다는 것이다. 특히 커뮤니티 사이트에 영상을 공유하는 것은 커뮤니티 이용자들의 반감을 살 가능성이 있다. 최근에는 이러한 홍보 방식에 피로를 느끼는 커뮤니티 사용자들이 늘어나고 있는 추세라 많은 유튜버들이 커뮤니티 사이트 홍보를 지양하고 있었다.

> 오!마주: 홍보 목적이 뚜렷하게 보이면 커뮤니티 측에서 제재
> 가 들어오기 때문에 홍보하기가 힘들어요. 그리고 (커뮤니티
> 이용자들이) 냄새를 잘 맡아요. 이게 홍보라고 생각하면, 영
> 상 클릭 자체를 안 해요. 선정적이거나 자극적인 제목으로 올
> 리면 또 무조건 조회 수는 나와요. 그런데 그렇다고 그 사람들
> 이 무조건 구독자로 이어지지는 않죠.

결론적으로 영상을 업로드하기 전에 전략을 잘 세우는 것이 이미 영상이 올라온 뒤의 홍보보다 효과적이다. 영상을 선택할 권한은 시청자에게 주되, 그들의 선택지에 놓일 수 있도록 노력해야 한다. 유튜버들은 나름의 실험을 통해 유튜브 알고리즘을 파악하고, 자신의 채널을 찾아오는 시청자들은 어떤 사람들인지, 그들이 언제, 왜 자신의 콘텐츠를 시청하는지 파악하려 애쓰고 있었다. 소비자 특성을 파악하고, 그들의 선택을 받을 수 있는 전략을 세우는 것이다.

시청자와 친구가 되는 방법

방송 작가에서 사업가로, 사업가에서 프로듀서로, 프로듀서에

서 연예인으로, 연예인에서 스스로를 홍보하는 마케터로······.
다양한 직업 정체성을 오가는 유튜버의 일에서 최종 단계는
시청자들의 친구가 되는 것이다. 유튜버는 시청자들과 친구
처럼 이야기를 나눈다.

> 파뿌리: 저희는 댓글을 기록해 두는데요, 올라온 댓글을 파일
> 로 옮겨서 '이 사람이 언제 어떤 영상에 어떤 내용의 댓글을
> 단 사람이다'를 기억하려고 노력하는 편이예요. 예를 들어서
> 자기가 저번에 고3 수험생이라고 했다 하면, 그 사람이 다시
> 댓글을 달았을 때 '수능이 얼마 남지 않았는데 힘내라' 식으
> 로 댓글을 달아요. 물론 지금 팬이 엄청 많지 않기 때문에 가
> 능한 것이겠지만, 나중에 팬이 정말 많아지면 거기에 맞는 방
> 법이 또 있을 것이라 생각해요. 큰 규모에 맞는 팬 서비스가
> 요. 소통이란 것은 기본적으로 팬을 어떻게 생각하느냐에서
> 출발하는 것 같아요. 팬이 소중하다는 것을 알아야 소통이 필
> 요하다는 것도 아는 거잖아요.

유튜버는 사업가인 동시에 진정성을 갖고 있는 친구여
야 한다. 파뿌리 팀뿐 아니라 다른 유튜버들 역시 나름의 방
식으로 시청자와 대화하고, 팬 서비스를 하기 위해 노력하고
있었다. 채널 규모가 상대적으로 큰 A는 공간을 대여해 시청

자들과 만나는 팬미팅을 연 적이 있고, 김메주 또한 오프라인에서 시청자들과 직접 만나는 이벤트를 한 적이 있다. 상대적으로 규모가 작은 채널들도 협찬받은 제품을 시청자들에게 헌정하거나, 추첨을 통해 작은 선물을 전달하기도 하고, Q&A 영상을 제작해 댓글에 달리는 시청자들의 질문에 하나하나 대답해 주기도 한다. 유튜버마다 자신의 채널 규모와 성격에 맞는 방식으로 팬들을 기억하고, 친밀하게 소통하기 위해 노력하고 있었다.

유튜버와 시청자의 소통은 매우 개인적인 영역에서 이뤄진다. 시청자는 이 과정에서 소통의 즐거움을 느끼고 유튜버와 강한 유대감을 형성한다. 마음이 통하는 친구는 더 자주보게 되고, 오래도록 좋은 친구로 남고 싶어지는 것처럼, 유튜버와 시청자 사이에 강한 유대감이 형성되면 시청자는 충성도 높은 구독자이자 팬이 될 수 있다. 콘텐츠 하나를 소비하고 채널을 떠나는 것이 아니라, 지속적으로 채널을 찾고 콘텐츠를 소비하게 되는 것이다. 그만큼 유튜버에게 시청자와의 꾸준한 소통은 채널을 유지하는 데 있어 중요하다. 아무도 다시 찾지 않는 유튜브 채널의 존재는 무의미하기 때문이다.

D: 저희 채널이 그렇게 크지 않다 보니까 댓글 하나하나에 다 대댓글[30]을 달 수 있는 수준이에요. 그래서 다 달았어요. 하나

하나. 그런데 제가 대댓글을 달면서 적극적으로 소통했던 사람들은 다음 동영상에도 댓글 달고, 그다음 동영상에도 댓글 달고 하더라고요. 그때 대댓글의 중요성을 알았죠. '아! 내가 대댓글을 달아 주면 계속 내 채널을 찾아와 주는구나!' 했어요. 그래서 아무리 댓글이 많이 달려도 틈틈이 대댓글을 다 달아요.

모든 인터뷰이들이 실시간으로 시청자 댓글을 확인하고, 다시 댓글을 달고 있었다. 관심을 수익화하는 유튜버에게 충성도 높은 시청자인 구독자는 채널의 안정적인 수익과 직결된다. 그리고 시청자들과의 소통은 관심을 관리하고 유지하기 위해 필수적이다. 몇몇 겸업 유튜버들은 근무 중 화장실에 가는 시간까지 활용해서 댓글을 단다. 수익과 직결되는 시청자들의 관심을 관리하기 위해서이기도 하지만, 무엇보다 즐겁기 때문이다. 관심을 즐기는 유튜버들에게 시청자들과의 소통은 유튜브 활동을 지속하게 하는 기쁨이고, 원동력이다.

D: 업로드하고 몇 분 지나지 않아서 댓글이 하나둘씩 달려요. 그거 보려고 계속 새로 고침 누르면서 기다리거든요. '오늘 영상은 이래서 재미있었어요!' 식으로 되게 구체적으로 올라온단 말이에요? 영상 하나 올리겠다고 며칠 촬영하고 편집하고 딱 올렸는데 그런 댓글 보면 힘도 나고, 빨리 또 영상 올려야

겠다 싶어요. 진심 고마워요. 댓글 달아 주시는 분들. 그래서 저도 진심으로 감사하다고 대댓글 달죠.

유튜버와 시청자 사이에 진정성 있고 끈끈한 관계가 생겼을 때, 그 채널은 수익 측면에서 장기적으로 안정적인 궤도에 오를 수 있다. 하지만 무엇보다도 유튜버는 사람들의 관심이 즐겁고 감사하다. 그래서 그들의 소통에는 진정성이 있다. 유튜버의 진정성은 콘텐츠 제작 자체를 시청자들과의 소통이라 여기는 태도에서도 엿볼 수 있었다.

파뿌리: 소통에서 특히 중요한 것은 영상을 만들어 내는 거예요. 데이터에서 나오는 소통이라는 게 있거든요. 업무적으로 얘기를 해 보자면 영상이 처음 시작할 때 오프닝부터 시청률이 뚝뚝 떨어지는 경우가 있단 말예요? 그러면은 이건 우리 팬들이 보기에 이 오프닝은 재미가 없구나. 그럼 오프닝을 바꾼다든지, 새로운 시도를 해본다든지. 그런 걸 통해서 팬들이 보고 싶어 하는 영상에 점점 다가가는 것도 어떻게 보면 일종의 소통인 거죠. 유튜버니까 영상으로 소통하는 것도 중요하죠. 유튜버다운 소통, 유튜버니까 가능한 소통이죠.

유튜버들은 시청자와 가까워지고, 그들의 개인적인 영

역을 파고 들어가 친구 같은 역할까지 하고 있었다. 그들에게 소통은 댓글과 대댓글, 오프라인에서의 만남 등을 통해 친밀한 이야기를 나누는 것이기도 하고, 시청자가 원하는 바를 파악해 영상에 적용하는 것이기도 했다. 이는 수익과 직결되기도 하지만, 진심으로 감사하며 즐기는 일의 과정이었다. 시청자들과 서로를 기쁘게 하는 친구가 된다는 것은 유튜버가 기성 미디어 콘텐츠 제작자와 가장 크게 차별화되는 지점이기도 하다.

관심 경쟁을 돌파하라

유튜버들은 기존 미디어 콘텐츠 제작자들처럼 새롭고 획기적인 영상 콘텐츠를 제작하기 위해 창의성을 발휘한다. 그리고 이들에게는 기존 제작자들과는 다른, 새로운 종류의 창의성이 필요하다. 유튜브 플랫폼과 시청자들의 특성에 최적화된 콘텐츠를 만들기 위해서다.

유튜버의 콘텐츠는 주로 스마트폰으로 소비된다. 장소나 시간에 구애받지 않고, 버스나 지하철 등을 타고 이동하는 틈새 시간에도 감상할 수 있다. 스낵 컬처snack culture[31]의 성격이 강하다고 볼 수 있다. 이러한 매체 특성 때문에 시청자들은 짧고 가볍게 소비할 수 있는 콘텐츠를 선호한다. 유튜브 콘텐츠는 기존 미디어 콘텐츠들에 비해 길이가 매우 짧은 편이다. 일반적으로 길이가 1시간 이상인 영화, 드라마, TV 예능 프로그램과 달리 짧게는 1~2분, 길게는 15~20분가량의 콘텐츠가 대부분이다.

유튜버는 유튜브 알고리즘의 영향을 직접적으로 받는다. 특히 유튜브의 추천 기능은 시청자들이 언제든지 다른 콘텐츠로 쉽고 빠르게 이동할 수 있게 만든다. 시청자가 현재 시청하고 있는 영상과 유사하거나 관련 있는 영상을 모바일에서는 화면 하단에, 웹에서는 화면 우측에 나열해 주기 때문이다. 시청하고 있는 영상이 조금이라도 지루할 때, 혹은 더 자극적이거나 궁금증을 유발하는 유사 영상이 추천되는 경우 시청자들은 너무도 쉽게 다른 유튜버의 채널로 이탈할 수 있다. 사람들의 이목을 자신에게 집중시켜야만 수익을 창출할 수 있는 유튜버 입장에서는 불안정한 환경일 수밖에 없다.

따라서 유튜버는 짧은 동영상 시청 시간 동안 시청자들의 관심을 다른 콘텐츠에게 빼앗기지 않고, 본인에게 집중시키기 위해 창의성을 발휘해야 한다. 유튜브에 적합한 스낵 컬처 스타일의 창의성이 있어야 한다.

> 연애흥신소: (유튜버가 발휘하는 창의력이) 에디슨 같은 창의력은 아니라고 생각해요. 콘텐츠를 재창조할 수 있는 창의력도 필요하다 생각해요. 매체의 특성에 맞게 창의할 수 있는 능력, 리크리에이트(recreate)? 아예 새로운 건 거의 없는 것 같아요. 편집하는 방법을 '다다다다다' 쉼 없이 가는 편집 기법을 사용하는 것 같은 거예요. 텔레비전 콘텐츠는 채널을 고정해 놓고 보는 건데, 유튜브는 내 마음대로 넘겨 볼 수 있고, 나가 버릴 수도 있고 자유도가 높잖아요? 그런 데서 이목을 집중시키려면 텀이 있으면 안 되는 거죠. 그런 환경에 맞는 연출을 잘하는 것도 창의적인 연출이라고 생각해요.

연애흥신소 팀이 언급한 '다다다다다'식의 편집은 스낵

컬처 창의성의 대표적인 예다. 말과 말 사이에 숨을 쉬는 구간까지 편집으로 잘라 내어 쉬지 않고 말을 이어 나가게 만드는 유튜버 특유의 편집 방식이다. 심지어는 긴 문장 대신 핵심 단어들을 말하는 유튜버의 모습을 중간중간 편집해 넣어, 짧고 굵게 의미만 전달하기도 한다. 이런 방식을 사용하면 콘텐츠의 길이도 줄일 수 있고, 시청자 이탈률도 낮출 수 있다. 이는 기존 미디어에서는 볼 수 없었던 창의적인 편집 방식이며, 효과적으로 시청자의 이목과 관심을 집중시킬 수 있다는 점에서 유튜버에게는 필수적인 전략이라 볼 수 있다.

　　그럼에도 불구하고, 시청자들의 관심을 끄는 것은 쉽지 않다. 유튜브 환경에서는 매 순간 새로운 콘텐츠들이 빠르게 업데이트된다. 너무도 쉽게 나의 콘텐츠가 다른 콘텐츠에 묻히거나 잊힐 수 있다. 따라서 유튜버는 시청자들의 관심을 쉽게 빼앗길 수 있다는 불안정한 상태로부터 쉽게 자유로워질 수 없다. 앞으로도 더 심화할 관심 경쟁 속에서 유튜버들은 계속적으로 스낵 컬처 창의성을 발휘하면서 불안정함에 대응해 나가야 한다.

아마추어 전문가

콘텐츠 제작자로서의 전문성을 먼저 겸비한 후 활동을 시작하는 유튜버는 많지 않다. 유튜버들은 대체로 아마추어 상태

에서 유튜브를 시작한 후에 경력이 쌓이고, 활동을 계속하면
서 여러 가지 시도를 해보는 과정을 거쳐 스스로 전문성을 습
득한다. 수백 개에 달하는 영상을 오랜 시간 동안 업로드해
온 유명 유튜버들도 채널 설립 초창기에는 영상 제작에 서투
른 아마추어였다.

> 코코넛 채널: 저희 채널에 전문성은 없다고 생각해요. 편집이
> 나 촬영 같은 거요. 제작자로서 전문성은 많이 부족한 것 같
> 아요. 콘텐츠 전문성도 그렇게 많진 않고…… 저희 채널의 취
> 지가 서로의 문화를 배운다는 것이거든. 콘텐츠를 만들고,
> 사람들이 댓글로 이것도 해봐라, 저것도 해달라고 달면 걔네
> 들이 해보라는 걸 하면서 그들의 문화를 자연스럽게 이해할
> 수 있지 않을까…… 그런 식으로 문화를 배워 나갈 수 있다
> 가 우리의 모토예요.

전문성을 요구하지 않는 유튜브의 낮은 진입 장벽 때문
에, 자신이 다루는 소재에 대해 전문성을 갖추지 않은 상태에
서 채널 운영을 시작하는 유튜버들도 많다. 인터뷰이 중에서
도 음악가가 본업이며, 음악 콘텐츠를 제작하는 연애홍신소
팀을 제외하고는 모두 콘텐츠 제작자로서도, 자신이 콘텐츠
에서 다루는 소재에 있어서도 아마추어였다. 예를 들어 A의

경우, 남성 뷰티에 관심이 많을 뿐, 남성 뷰티와 전혀 관련 없
는 업계에 종사하고 있는 평범한 직장인이다. 하지만 A는 채
널을 운영해 나가면서 조금씩 남성 뷰티에 대한 전문성을 확
보해 가고 있었다.

> A: 원래는 맨즈 뷰티(men's beauty)에 대한 관심만으로 유튜
> 브를 시작했어요. 그런데 점점 전문성을 가지게 된 건 유튜브
> 를 하면서예요. 사람들이 자꾸 댓글로 궁금한 걸 물어보거든
> 요. 답변을 해줘야 하잖아요? 그래서 공부를 하는 거죠. 회사
> 근처에 백화점이 있어요. 점심시간마다 나가서 남성 화장품
> 코너에 가서 이것저것 물어보기도 해요.

유튜버의 전문성은 채널을 운영하면서 스스로 배우고
느끼는 과정을 통해 형성된다. 전문성이 유튜브 진입의 필수
조건은 아니지만, 유튜버들은 시청자들과 더 잘 소통하기 위
해 노력하면서 전문성을 만들어 나간다. 더 유용한 정보를 제
공하기 위해 단순 관심사였던 맨즈 뷰티에 대해 공부하고 있
는 A처럼, 더 많은 정보와 재미를 전달하려 노력하는 유튜버
들은 콘텐츠 제작 전문가로 변모하는 과정에 있다. 콘텐츠 제
작과 소재에 관한 전문성 외에도, 직업 유튜버로 활동하기 위
해 모두에게 필요한 기본적인 전문성도 있다.

C: 우리가 어느 기업에 취직하면, 그 기업을 알고 취직하죠? 그것처럼 유튜버로 활동하려면 유튜브가 어떤 플랫폼인지, 무엇을 우리에게 요구하는지 알고 있어야 해요.

즉, 직업 유튜버는 유튜브 플랫폼의 전문가가 되어야만 한다. 기본적으로 유튜브의 정책을 파악하고 있어야 하는 것이다. C는 이것이 의외로 많은 유튜버들이 놓치고, 신경 쓰지 않는 부분이라고 지적했다. 회사원이 소속 회사의 정책을 어기면 그에 따른 징계를 받는 것처럼, 유튜브에도 사용 가이드라인이 있고, 그것을 어길 경우 해당 영상의 수익 창출 정지부터 계정 삭제까지 그에 따른 징계를 받게 된다. 유튜브는 저작권 위반에 대해 엄격한 기준을 갖고 있다. 저작권 위반으로 경고를 받으면 수익 창출 자격이 박탈될 수 있으며, 이러한 경고가 3회 쌓이게 되면 계정 및 계정과 연결된 모든 채널이 해지될 수 있고, 계정에 업로드된 모든 동영상이 삭제될 수 있다고 명시되어 있다.

C: 사람들이 가이드라인이 있다는 것조차 몰라요. 그런데 유튜브는 그걸 되게 강조하거든요. 가이드라인 지켜서 올리라고. 근데 유튜브 가입할 때, 정책 읽어 보는 사람은 거의 없잖아요? 내가 앞으로 일할 회사인데, 회사에 대해서 알지 못한

채로 일한다는 것은 얼마든지 잘릴 수 있다는 뜻인 거예요.

유튜브 정책[32]을 알아야 규칙을 어겼을 때 받게 되는 치
명적인 피해를 예방할 수 있다. 정책의 내용이 방대하기 때
문에 어렵고 지루하게 느껴질 수 있지만, 유튜버로 성공한다
고 해도 정책 위반으로 채널이 사라지거나 여태 제작한 동영
상이 모두 삭제된다면 모든 것이 수포로 돌아가기 때문이다.
직업 유튜버로서 장기적인 채널 운영을 원한다면 정책을 이
해해야 한다.

유튜버는 유튜브 알고리즘에 대한 지식을 가지고 있어
야 할 뿐만 아니라, 수시로 업데이트되는 유튜브 알고리즘을
그때그때 파악해서 자신의 채널에 적용할 줄 알아야 한다. 내
가 만난 유튜버들도 이미 공개되어 있는 기본 유튜브 알고리
즘에 대해서는 유튜브 아카데미Youtube Academy라는 유튜브 공
식 채널에서 제공되는 교육 영상을 시청하거나, 관련 서적과
뉴스를 찾아 읽어 파악하고 있었다. 유튜브 관계자와 직접 대
화하면서 새로운 유튜브 기능이나 알고리즘을 파악하기 위
해 노력하기도 했다.

김메주: 유튜브가 새로운 기능을 내잖아요? 그럼 그 기능을
많이 활용하는 유튜버들에게 좋은 점수를 줘요. 예를 들어서

유튜브가 실시간 스트리밍을 처음으로 내세웠다면, 아마 최근 내세웠던 기능 중에 유튜브가 제일 신경을 많이 쓰고 있는 기능일 거거든요? 그래서 실시간 스트리밍을 했던 유튜버들한테 알고리즘이 한동안 유리하게 작용했었어요. 그래서 저도 실시간 스트리밍을 사용하면서부터 갑자기 (구독자가) 팍팍 늘었었거든요. 여기저기 추천도 많이 되고요. 유튜브 행사나 뉴스 같은 걸 많이 보고 어떤 기능이 도입됐다 하면 그 기능을 적극적으로 써보는 게 좋아요.

공식 행사 갔을 때 (유튜브 관계자가) 대놓고 말씀하시더라고요. "실시간 스트리밍 한번 써보세요. 알고리즘이 아마 좋게 적용될 거예요~" 이렇게. "신기술이 나오면 꼭 써보세요." 그러더라고요. 저는 실시간 생방송에 대한 생각이 전혀 없었는데, 그 말 듣고, '그래?' 하면서 해봤다가 지금은 아예 일주일마다 정기적으로 하고 있어요.

코코넛 채널: 예전에 유튜브에서 주관하는 크리에이터 모임에 간 적이 있어요. 거기서 한 유튜버분이 72시간 안에 특정 조회 수와 댓글 수를 넘으면, 메인에 올라갈 확률이 높아진다고 말씀을 많이 하시더라고요. 그래서 저희도 영상을 올리자마자 첫 3일을 가장 중요하게 생각하고 있어요.

유튜버들이 모이는 행사는 알고리즘과 관련한 팁을 얻을 수 있는 중요한 기회다. 대체로 유명 유튜버들이 멘토로 참석하기 때문에 팁을 전수받을 수도 있고, 유튜브 관계자로부터 직접 정보를 얻을 수도 있다. 행사에 참석한 다른 유튜버들과도 채널을 운영하면서 겪는 어려움을 공유하고, 조언도 들을 수 있다. 그래서 행사가 열릴 때마다 여러 지역에서 활동하는 유튜버들이 행사 참여를 위해 모여든다.

유튜브에서 주관하는 행사들은 정기적으로 열리지는 않는다. C는 지역 콘텐츠 진흥원이나 문화 재단에서 운영하는 유튜브 관련 아카데미 프로그램에 참석해 타 유튜버들과 네트워킹하는 것도 하나의 방법이라고 말한다. 이 경우 관련 홍보물을 잘 확인해야 참석할 수 있다. 유명 유튜버들의 강의를 찾아가는 방법도 있다.

더 많은 구독자를 모으고 자신을 알리기 위해, 유튜버들은 공식적으로 밝혀진 알고리즘뿐 아니라 그것을 활용하는 다양한 방법을 숙지하고, 수시로 변화하고 업데이트되는 알고리즘의 발전 방향을 따라가기 위해 적극적으로 움직이고 있었다. 유튜버들과의 네트워크는 성공의 필요조건이었다.

나를 관리하는 기술

직장인에게는 정해진 근무 시간과 장소가 있지만, 유튜버에게는 없다. 원하는 시간이 곧 근무 시간이 되고, 어디든 가서 일해도 무관하며, 얼마든지 쉬어도 된다. 실제로 박담채는 2주 동안 유튜브 활동을 쉰 적이 있다고 했다.

박담채: 개인적인 건데⋯⋯. 원래 좀 그런 거 있잖아요. 노잼 시기라고⋯⋯. 제가 우울해지는 시기가 많아요. 한 다섯 달에 한 번꼴로. 또 웃긴 게 이게 정해져 있어요. 그냥 저는 한 2~3주 동안 너무 우울한 거예요. 의욕도 없고⋯⋯. 제가 만약에 회사를 다녔다 하면은 아무리 우울하다고 하더라도 무조건 회사에 가야 했을 거 아니에요? 이건 제가 제 개인적인 심리 상태를 핑계로 2주 동안 푹 쉰 거였거든요.

유튜버의 근무 환경은 개인적인 사정뿐 아니라 기분에 따라서도 충분히 바뀔 수 있다. 자율적인 업무 환경을 유튜버라는 직업의 가장 큰 장점으로 꼽은 유튜버도 있었다.

D: (회사에서 일하다 보면) 솔직히 일이 없을 때도 있잖아요? 그래도 퇴근 시간까지는 자리에 앉아 있긴 앉아 있어야 해요. 저는 그게 너무 스트레스 받거든요. 그런데 유튜브는 일이 끝나면 진짜 끝이 나잖아요. 영상 업로드 끝나면 더 이상 컴퓨터 앞에 앉아 있을 필요도 없고, 나가 놀아도 되고? 또 그렇게 일

하는 시간마저 제가 정하는 거죠. 누가 나보고 일하라 해서 억지로 일하는 게 아니라, 제 스스로 일을 좀 해야겠다고 느껴서 제일 일하기 편한 시간에 편집도 하고 그러니까 마음도 편하고 의욕도 생기는 것 같아요. 제일 큰 장점이에요.

누구도 일을 하라는 압박을 가하지 않는다. 그래서 그들은 스스로를 채찍질해 가며 일해야 한다. 시청자들로부터 잊히지 않기 위해 어느 정도의 주기를 지켜 가며 콘텐츠를 업로드하고, 시청자들에게 지속적으로 노출되어야 하기 때문이다. 유튜버는 꾸준히 콘텐츠를 업로드하기 위해 주어진 자유를 스스로 통제한다. 업로드 주기를 지켜야 한다는 압박감에 시달리기도 한다.

박담채: 오늘 너무 피곤하고 당장 자고 싶은데 내일 영상을 올려야 해. 그럼 막 좀비처럼 편집해야 하잖아요? 무조건 해야 하니까. 거기서 너무 스트레스 받아요.
(시청자랑 약속한 일정이 있는 거예요?)
아니요. 제 스스로 약속한 거죠. 제가 나태해지지 않기 위해서 스스로 '일주일에 세 개는 올려야지' 하는 거예요.

유튜버들은 일주일에 업로드할 영상 개수를 스스로 정

하고, 이를 지키기 위해 자기를 통제하고 있었다. 이유는 영상이 올라오기를 기다리는 시청자들이 있다는 것이었다. 시청자들의 지속적인 관심에 영상으로 보답하고 싶은 마음이다.

> D: 저희가 그렇게 큰 채널도 아닌데, 저 바쁘다고 영상 안 올리면 꼭 댓글이 달려요. 막 '요즘 바쁘신가 봐요~' '다음 영상은 언제 올라와요?' 이런 식으로요. 지켜보면서 기다리고 있는 거잖아요? 그러면 막 조급증이 생겨요. 빨리 편집 마무리해서 내일은 무조건 올려야겠다 싶으면 밤을 새워서라도 편집해서 올리죠. 근데 그러면 너무 힘들잖아요. 그래서 평소에 좀 미리미리 하려고 노력하고 있어요. '퇴근하고 집 와서 30분은 편집하기' 이런 식으로 정해 놓기도 하고요.

유튜버들은 자신의 선택에 따라 근무 환경을 자유롭게 설정할 수 있지만, 주어진 자유를 포기하고 스스로를 통제하며 열심히 일한다. 시청자들의 관심에서 벗어나지 않기 위해, 그리고 콘텐츠를 기다리는 시청자들을 정기적으로 만나기 위해서다. 이들은 스스로 목표를 세우고, 매일의 업무 시간을 정해 자기를 통제하며 일한다. 특히 겸업 유튜버들은 본업 외의 시간을 활용해야 하기 때문에, 시간이 부족하다. 그렇기에 더 강한 자기 통제 아래 때로는 무리하게 일하고 있었다.

오!마주: 제가 3일 뒤에 4일 동안 출장을 가거든요? 그래서 가기 전에 영상을 찍어 두고, 다행히 노트북이 있어서 출장 가서 그걸로 밤에 편집해서 올리려고 하고 있어요.

유튜버들이 각자의 목표와 작업 시간을 정하고 이를 지키려 고군분투하는 것은 시청자들의 관심에 보답하기 위해서이고, 동시에 그들과 자주 만나면서 인지도를 올리고 유튜버로서 성공할 가능성을 높이기 위해서다. 이런 점에서 A는 유튜버에게 가장 중요한 역량은 성실함이라고 말하기도 했다. 자유로운 일정을 각자의 방법으로 잘 조율해 시청자들과 자주 만나는 것이 중요하다는 지적이다.

A: 유튜버는 작업 시간이나 방식이 패턴화되어 있지 않기 때문에, 어떤 게 좋다 나쁘다 할 순 없어요. 그래서 유튜버에게 가장 필요한 역량은 성실함이에요. 꾸준히 유지해야 하는 거죠. 어떤 콘텐츠가 성공하고, 어떤 콘텐츠가 실패할지는 아무도 예측할 수 없어요. 계속 시청자들 눈에 보이는 게 중요한 거예요. 보통 일반 브랜드들도 별거 없이 계속 노출만 시켜서 마케팅 효과를 얻기도 하잖아요? 사람들이 들고 다닐 쇼핑백에 브랜드 로고를 크게 박아 넣는 것도 지나가는 사람들한테 이런 브랜드가 있다는 걸 알리는 거잖아요. 유튜버도 자신이라는

브랜드가 있다는 사실을 사람들에게 계속 인지시키는 것 자체가 중요해요. 그래서 꾸준히 올려야 하죠. 뭐가 언제 어떻게 걸려서 채널이 커질지는 아무도 모르는 거니까요.

유튜버는 일하고 싶을 때 일하고 놀고 싶을 때 놀아도 되는, 업무 자율성이 매우 높은 꿈의 직업으로 묘사되곤 한다. 하지만 자신을 끊임없이 채찍질하고 압박감을 견뎌 내야 직업 유튜버로서의 성공 가능성을 높일 수 있다.

커뮤니티가 만드는 자유직업

유튜브의 가장 큰 특징은 유튜버를 중심으로 팬덤의 성격을 가지는 커뮤니티가 형성된다는 점이다. 이는 기존 미디어 콘텐츠 제작자들과 유튜버가 차별화되는 지점일 뿐만 아니라, 블로거를 비롯해 유사한 활동을 하는 크리에이터들과 유튜버가 구분되는 지점이기도 하다.

A: 블로그는 내가 원하는 정보만 얻으면 나온단 말이죠. 이 글을 쓴 작성자가 누군지에 대한 생각은 잘 안 해요. 유튜브 같은 경우에는 들어가는 순간 사람의 얼굴이 나온단 말이에요. 그 사람이 가지고 있는 지식을 기반으로 팬덤이 형성되는 거죠. 흔히 블로거들은 얼굴을 잘 노출시키지 않잖아요?

시청자들은 유튜버의 지식 외에도 유튜버가 제공하는 정보나 특유의 매력에 이끌려 채널로 모이고, 구독자가 되어 하나의 집단을 형성한다. 유튜버들은 자신의 채널 구독자에게 애칭을 지어 집단에 이름을 붙이고, 정체성을 강화하기도 한다. 100만 명의 구독자를 보유한 뷰티 유튜버 윤쨔미는 채널 구독자들에게 '쨔미의 식구들'을 줄여 '쨔식들'이라는 애칭을 붙여 부르고, 구독자 수 76만 명의 라이프 스타일 유튜버 연두콩은 구독자들을 '연두부'라고 부른다. 유튜버를 좋아하는 사람들이 모여 팬 커뮤니티를 형성하는 특징은 곧 유튜버만의 경쟁력이다. 이를 포착한 유튜브에서도 트위터나 페이스북처럼 사진이나 글로 시청자들과 소통할 수 있는 커뮤니티 기능을 추가했다.

유튜버에게 팬 커뮤니티를 형성하는 것이 중요한 가장 근본적인 이유는 수익 창출에 유리한 환경이 조성되기 때문이다. 팬덤이 강한 유튜버는 별도의 사업을 시작해 수익 영역을 확장할 수 있다. 스스로를 스타화하고 연계된 커머스commerce를 시작하는 것이다. 단순 시청자라면 유튜버의 콘텐츠만 시청하겠지만, 팬이라면 종류와 상관없이 유튜버의 커머스 상품을 소비하게 된다.

C: 나를 중심으로 사람들이 모여야 해요. 내가 간판인 거죠.

채널 콘셉트가 명확해야 해요. 재미있고 엽기적이고 자극적인 것에 사람들이 몰리는 건 사실이에요. 하지만 돈은 안 돼요. 광고도 봐줘야 돈이 되잖아요? 재미만 추구하는 사람들은 '스킵(skip)'을 눌러요. 그런데 커뮤니티가 만들어지면, '우리 형님 광고 한번 봐주자' 이런 식으로 말이 나오기 시작해요.

C의 설명처럼 유튜버들이 어떤 방식으로 수익을 얻는지 어느 정도 파악하고 있는 팬들은 유튜버가 더 많은 수익을 창출할 수 있도록 유튜브 알고리즘에 맞춰 움직여 주기도 한다. 유튜브 알고리즘상 시청자들이 광고를 건너뛰지 않고 끝까지 시청하거나 클릭하면 상대적으로 많은 수익이 발생한다. 팬들은 이러한 수익 구조를 인지하고 일부러 광고를 끝까지 시청하거나, 배너 광고를 일부러 클릭해 주는 방식으로 유튜버를 수익 측면에서 서포트한다.

이 외에도 실시간 방송에 참여해 일종의 후원금이라고 할 수 있는 슈퍼 챗을 보내기도 하고, 영상 업로드 알람을 설정해 두고 새로운 영상이 업로드되면 바로 채널에 찾아와 영상을 시청해 초기 조회 수를 확보해 주기도 한다. 하지만 무엇보다도 팬덤은 우리가 상상하는 가장 이상적인 유튜버의 모습을 실현하는 기반이다. 팬덤이 형성되어야 유튜버의 일에 자율성이 생기고, 꿈의 자유직업[33]에 가까워질 수 있다.

박담채: 왜 그런 말들 하잖아요? 유명해지면 똥을 싸도 박수를 쳐준다고……. 그런 것처럼 사실상 유명하면 뭘 하든 사람들이 좋아해 주는 것 같아요. 그리고 새로운 걸 시도하면 '어? 얘 이런 것도 하네?' 하면서 신기해하고, 또 그걸 좋아해 줘요. 그런데 반대로 유명하지도 않고, 사람들이 관심도 없는 애가 이것저것 하면 거기서 망하는 게 사실이에요. 그래서 저도 지금은 이것저것 하지 않고 좀 일관성 있게 콘텐츠를 하려고 노력 중이고요. 구독자가 한 100만 명 넘어가는 사람들은 뭘 해도……. 오히려 그땐 여러 가지 하면 더 잘되는 것 같아요.

수백만 구독자를 보유하고 있는 유명 유튜버들의 채널을 살펴보면 다양한 형식의 콘텐츠를 업로드한다는 것을 확인할 수 있다. 뷰티 유튜버라 하더라도 뷰티 관련 콘텐츠뿐만 아니라 본인의 일상을 공유하는 일상 콘텐츠, 구독자들과 수다를 떨듯이 자신의 이야기를 하는 대화 콘텐츠 등, 형식과 소재에 얽매이지 않는 다양한 콘텐츠들을 생산하고 있다. 자유로운 방식으로 콘텐츠를 생산할 수 있는 것은, 어떠한 콘텐츠건 자신이 좋아하는 유튜버가 제작한 영상이라면 시청할 의향이 있는 충성 구독자인 팬을 보유하고 있기 때문이다.

D: 시청자는 콘텐츠 하나 보고 나를 떠나가지만, 팬은 내가 콘

텐츠를 올릴 때까지 기다려 줘요. 한 유튜버가 이사 때문에 한 2~3주간은 영상을 못 올리게 됐다고 공지 영상을 올린 걸 봤어요. 저같이 작은 채널은 그렇게 오래 쉬면 채널이 정체되어 버리는데, 그 유튜버는 팬이 워낙에 많다 보니까 구독자들이 이사 잘하라고 댓글도 남겨 주고, 다시 유튜버가 돌아왔을 때 바로 정상적으로 채널이 돌아가더라고요. 구독자들이 그 유튜버가 돌아오길 기다려 준 거죠.

일반 시청자라면 유튜버의 공백기를 참지 못하고 채널을 떠나가지만, 팬들은 유튜버의 상황을 이해하고 응원하며, 돌아오길 기다린다. 팬을 보유한 유튜버는 언제든지 타 유튜버에게 시청자들의 관심을 빼앗길 수 있다는 불안감에서도 어느 정도 해방될 수 있다.

유튜버로서 성공하기 위해서는 사람들의 주목을 이끌어 내고, 자신을 봐주는 시청자들을 팬으로 만드는 연예인과 같은 역할을 해낼 수 있어야 한다. 유튜버에게 팬덤은 자신의 수익 영역 범위를 확장할 수 있게 하는 힘이자, 일의 자율성을 보장받는 꿈의 직업으로 발돋움하기 위해 반드시 필요하다.

에필로그 유튜브 그리고 유튜버의 내일

유튜버는 요즘 젊은 세대에게 선망의 대상이다. 어린이들은 유튜버를 장래 희망 목록에 올린다. 교육부와 한국 직업 능력 개발원의 조사에서 유튜버가 초등학교 학생들의 장래 희망 5 위에 오르기도 했다.[34]

스타급 인기를 누리고 있는 유튜버들이 자신의 수입을 하나둘씩 공개하면서 이들이 웬만한 직장인보다도 훨씬 높은 소득을 올리고 있음이 알려졌다. 이례적으로 높은 그들의 연 수익은 불경기와 취업난이 계속되는 사회적 분위기 속에서 사람들의 관심을 받을 수밖에 없었다. '유튜브계의 유재석'으로 불리는 유명 게임 유튜버 대도서관은 연 17억 원, 자타공인 1세대 뷰티 유튜버 씬님은 연 12억 원, 먹방 유튜버 밴쯔는 연 10억 원의 소득을 올리고 있는 것으로 알려져 있다.[35]

유튜브 이용자와 그들의 콘텐츠 시청 시간이 기하급수적으로 증가한 것 또한 유튜버가 새로운 직업으로 각광받는 데 한몫했다. 애플리케이션 분석 업체인 와이즈앱이 국내 안드로이드 스마트폰 이용자의 애플리케이션별 사용 시간을 조사한 결과, 2018년 8월의 유튜브 총 이용 시간은 333억 분으로, 타 애플리케이션에 비해 이용 시간이 가장 많았다. 이는 같은 조사 기관에서 2017년 8월에 집계했던 234억 분보다 42퍼센트가량 증가한 것으로, 국내 1위 메신저 애플리케이션인 카카오톡의 이용 시간인 199억 분보다도 훨씬 많은 양이다.[36] 1년 만에 사용량이 급격히 늘어난 것으로 미루어 보아, 앞으로 시청자들의 유튜브 사용량은 더 늘어날 것이라고 예상할 수 있다.

유튜버의 활발한 콘텐츠 생산 활동이 많은 사람들로부터 관심을 받게 되면서 유튜버들을 지원, 관리하며 수익을 공유하는 MCN 사업이 형성됐다. 유튜버들의 저작권 관리, 광고 유치, 제작 자금 등을 서포트하고 콘텐츠로부터 발생하는 수익을 유튜버와 나눠 갖는 비즈니스 모델이 구축되었고, 그에 따라 유튜버들의 수입원 또한 확장되어 왔다. CJ E&M의 다이아 티브이DIA TV는 우리나라에서 최초로 MCN 사업을 시작한 MCN 사업의 대표 주자다. 소속 유튜버만 1500명 이상일 것으로 추정되고 있다. 이 외에도 샌드박스 네트워크, 비디오 빌리지, 트레저헌터 등 다양한 MCN 사업체들이 등장해 수억 원대의 투자 유치에 성공하고 있다. 게임 유튜버 도티가 설립한 샌드박스 네트워크는 최근 250억 원 규모의 투자를 유치해 400억 원의 누적 투자액을 달성하며 사업 영역을 확장하고 있다.[37]

유튜버들의 상업적 가치와 파급력은 유튜브 밖으로 확장된다. 유명 유튜버의 영상에 등장하는 제품들은 매출이 두세 배씩 오르기도 하고, 유튜버가 추천하는 제품이 순식간에 완판되기도 한다. 뷰티 유튜버 홀리와 함께한 화장품 기업의 신제품 사전 판매 이벤트에서는 단 2분 30초 만에 3000개의 제품이 모두 판매되었고[38], 뷰티 유튜버 헤이즐과 화장품 기

업이 협업해 제작하고 헤이즐을 제품 모델로 내세운 메이크
업 제품은 한 달 만에 모두 팔렸다.[39]

　　유튜버들은 콘텐츠 시장에서도 새로운 트렌드의 중심
이다. 이들이 만들어 낸 새로운 콘텐츠 형식은 기성 미디어 시
장에도 영향을 끼쳤다. 시즌2 방영을 앞두고 있는 MBC 예능
프로그램 〈마이 리틀 텔레비전〉이 대표적인 예다. 유튜브를
비롯한 다양한 플랫폼에서 활동하는 크리에이터들이 생산하
는 콘텐츠가 소수 마니아들의 전유물에서 시작해 점차 대중
화되면서, 기성 미디어인 지상파 방송이 그들의 콘텐츠 형태
를 적극적으로 수용한 것이다. 온라인에서 구축된 콘텐츠 형
태가 고유의 성격을 그대로 유지한 채 주류 미디어 속으로 흡
수된 셈이다. 이러한 역전 현상은 1인 미디어 콘텐츠가 하나
의 트렌드로 자리 잡았다는 것을 증명한다.

　　'먹방' 역시 역전 현상을 통해 새로운 TV 방송 포맷이
되었다. 특별한 구성 없이 음식을 먹는 모습을 오랫동안 보
여 주면서 시청자의 미각을 자극하는 데에 집중했던 유튜버
들의 먹방은 올리브Olive 채널 인기 프로그램인 〈밥블레스유〉,
코미디 티브이Comedy TV의 대표 예능 〈맛있는 녀석들〉 같은 인
기 먹방 프로그램을 탄생시킨 기반이다. 지금도 유튜브에서
는 ASMR, 스터디 위드 미처럼 전에 없던 새로운 장르의 콘텐
츠 포맷이 생산되고 있다. 그리고 이는 많은 미디어 콘텐츠 제

작자들에게 영감을 준다. 유튜브가 콘텐츠 시장의 변화를 선도하는 출발점이 된 것이다.

전통 매체와 유튜브 사이의 경계가 점점 흐려지면서 유튜버들이 연예인들과 함께 TV나 라디오에 출연하는 경우도 늘고 있다. 유튜버들이 대거 출연하는 JTBC 프로그램 〈랜선라이프〉, 뷰티 유튜버 이사배가 출연해 화제가 된 MBC 간판예능 프로그램 〈라디오스타〉처럼 말이다. 유튜버의 활동 범위 또한 온라인 플랫폼을 벗어나 점차 넓어지고 있다.

'유튜버가 직업이야?' 유튜버를 직업으로 볼 수 있는지 의문을 갖는 사람들은 여전히 많다. 하지만 내가 만나 본 유튜버들은 자신의 일에 진지하게, 열정적으로 임하고 있었다. 창의성을 발휘해 영상을 만들며 콘텐츠 시장을 이끌어 나가는 유튜버는 미래에 더 큰 영향력을 갖게 될 직업이다. 새로운 콘텐츠 생산의 최전선에 있는 유튜버를 하나의 직업으로 바라본 이 책이 콘텐츠 시장의 변화와 직업의 미래를 그리는 밑바탕이 될 수 있기를 바란다.

주

1 _ Hannah Arendt, 〈Labor, work, action〉, 《Amor Mundi》, Springer, Dordrecht, 1987,
pp. 29-42.

2 _ 윤형, 〈노동의 기원〉, 《성서학 학술세미나》, 2011, 1-16쪽.

3 _ Henry Jenkins, 《Fans, bloggers, and gamers: Exploring participatory culture》,
NYU press, 2006.

4 _ Alvin Toffler, 《The Third Wave》, William Morrow, 1980.

5 _ Henry Jenkins, 《Convergence Culture》, Sage Publications, 2008.

6 _ 문화 자본은 사회학자 피에르 부르디외(Pierre Bourdieu)가 제시한 개념이다. 사회
계급에 따른 개인 능력의 불평등을 설명하기 위해 처음 사용했다. 오늘날 문화 연구 영역
에서 문화 자본은 문화적 실천을 가능하게 하는 중요한 역량으로 간주된다.
Pierre Bourdieu, 〈The forms of capital〉, 1986, 《Cultural theory: An anthology》, 2011,
pp. 81-93.

7 _ John Fiske, 〈The cultural economy of fandom〉, L. A. Lewis ed. 《The adoring
audience - fan culture and popular media》, Routledge, 1992.

8 _ 관심을 받고 싶어 하는 사람, 그런 부류를 뜻한다.

9 _ EMC, 〈전 세계의 디지털 데이터 양, 2020년 40ZB에 도달할 것〉, 2012.

10 _ Herbert A. Simon, 〈Designing Organizations for an Information-Rich World〉,
Martin Greenberger ed. 《Computers, Communication, and the Public Interest》, The
Johns Hopkins Press, 1971, pp. 40 - 41.

11 _ Thomas H. Davenport, John C. Beck, 《The attention economy: Understanding
the new currency of business》, Harvard Business Press, 2011.

12 _ 2019년 3월 현재 구독자 약 190만 명을 보유하고 있는 우리나라 대표 게임 유튜버 중 한 명이다.

13 _ 유시혁, 〈'용돈벌이에서 10억대까지···' 유튜브 하면 얼마나 벌까?〉, 《비즈한국》, 2018. 8. 10.

14 _ 2019년 3월 현재 구독자 약 71만 명을 보유하고 있고, 일상 콘텐츠를 업로드하고 있다.

15 _ 2019년 3월 현재 구독자 약 162만 명을 보유하고 있는 우리나라 대표 뷰티 유튜버 중 한 명이다.

16 _ YouTube 고객센터, 〈YouTube 파트너 프로그램 개요, 신청 체크리스트, FAQ〉, 2019. 3. 12.

17 _ 썬님, 〈인상 팍팍 바뀌는 "인스타그램 셀카" 메이크업〉, 2019. 1. 31.
https://youtu.be/8A8mVyMAGtI

18 _ 소프, 〈'자취 한끼' [떡볶이 & 핫도그]〉, 2019. 1. 12.
https://youtu.be/dUPoZLIOqfE

19 _ 밴쯔, 〈세븐일레븐 신제품! 강릉 초당 순두부라면 리뷰/먹방!〉, 2018. 2. 18.
https://youtu.be/N90KJ_uP2QA

20 _ '비디오'와 '블로그'의 합성어로, 자신의 일상을 동영상으로 촬영한 영상 콘텐츠를 가리킨다.

21 _ 꿀꿀선아, 〈숨겨둔 쌍둥이와 귀청소(Twin ear cleaning)〉, 2017. 11. 9.
https://youtu.be/R3AsD7frRmg

22 _ 손가락으로 장난감의 중앙 부분을 잡고 돌리는 장난감. 특별한 기능은 없지만 빠른 스피드와 진동의 중독성을 지니고 있다. 〈피짓 토이〉, 《시사상식사전 – 네이버 지식백과》.

23 _ 점액질 형태의 장난감으로, 말랑말랑하고 탱탱한 감촉 덕분에 만지면서 심리적 안
정을 찾을 수 있다고 해 인기를 끌었다. 〈액체 괴물〉,《시사상식사전 - 네이버 지식백과》.

24 _ 영화, TV, 드라마 등에서 각본을 바탕으로 촬영을 위해 필요한 모든 사항을 기록하
고 그림화한 자료. 장면 번호, 화면 크기, 촬영 각도와 위치에서부터 의상, 소품, 대사, 액
션의 정보가 적혀 있다.

25 _ 한 TV 예능 프로그램에서 작곡가 돈스파이크가 생고기를 통으로 요리해 손으로 뜯
어 먹는 '먹방'을 선보여 이슈가 되었다.

26 _ '실시간 검색어'의 줄임말.

27 _ 대량의 정보 가운데에서 특정 정보를 효율적으로 찾아 이용하기 위해서 일정한 규
칙에 따라 콘텐츠에 부여하는 데이터. 유튜브의 메타데이터는 공식적으로 동영상 제목
과 동영상 설명란을 구성하는 단어라고 밝혀져 있다.

28 _ 인터넷 홈페이지나 전자책과 같은 컴퓨팅 애플리케이션을 한눈에 알아볼 수 있게
줄여 화면에 띄우는 것. 유튜브에서는 콘텐츠 내용이 한눈에 들어오게끔 만든 한 장의
미리보기 이미지다.

29 _ YouTube Creators 채널에서 유튜브와 관련된 다양한 정보를 알려 주는 영상들
을 시청할 수 있다.
https://www.youtube.com/user/creatoracademy

30 _ 댓글에 대한 답변 댓글.

31 _ 과자를 먹는 것처럼 5~15분 정도의 짧은 시간 안에 소비할 수 있는 콘텐츠를 뜻
한다. 웹툰이나 웹 드라마처럼 시간과 장소에 구애받지 않고 즐길 수 있는 콘텐츠를 예
로 들 수 있다.

32 _ YouTube, 〈정책 및 안전〉.
https://www.youtube.com/intl/ko/yt/about/policies/#community-guidelines

33 _ 고용 관계에 의존하지 않고, 개인의 능력이나 기술에 따라서 돈을 벌어 생활할 수 있는 직업을 의미한다.

34 _ 이연희, 〈장래희망 지형 바뀌었다…1위 운동선수·5위 유튜버〉, 《뉴시스》, 2018. 12. 13.

35 _ 이유정, 〈유튜버 '대도서관' 연 수입 17억…"대부분은 과세 기준에 미달할 것"〉, 《중앙선데이》, 2018. 10. 27.

36 _ 금준경, 〈유튜브, 전 연령대에서 사용 시간 1위〉, 《미디어오늘》, 2018. 9. 11.

37 _ 김인경, 〈샌드박스네트워크, 250억 원 규모 시리즈C 투자 유치〉, 《블로터》, 2019. 1. 31.

38 _ 김나영, 〈미샤, 유튜버 홀리와 함께한 신제품 3천 개 사전 판매 2분 30초 만에 '완판'〉, 《인사이트》, 2019. 2. 26.

39 _ 홍승해, 〈제이에스티나뷰티, 유튜버 '헤이즐' 쿠션 완판〉, 《패션비즈》, 2018. 7. 13.

북저널리즘 인사이드   커뮤니티를 만드는
                          관종의 시대

유튜버 오늑의 브이로그를 즐겨 본다. 도쿄에 사는 직장인인 오늑은 일하고, 출퇴근하고, 옷을 입고, 요리하고 밥을 먹는 일상을 콘텐츠로 만든다. 평범한 장면들이 이어지지만, 무려 21만 명이 채널을 구독하고 있다. '늑이꾼'으로 불리는 구독자들은 영상에 댓글을 달고, 라이브 방송에서 질문을 쏟아 낸다. 구독자 질문에 대답하는 Q&A 영상이 콘텐츠가 되기도 한다. 본업과 유튜버 활동을 겸하는 이들은 이외에도 많다. 퇴근 후 본업과 관계없는 콘텐츠를 만드는 이들도 있고, '변호사 브이로그'가 등장해 화제가 되기도 했다. 아예 유튜버로 전업하는 경우도 적지 않다.

영상을 자주 보는 구독자이면서도 유튜버들이 마냥 신기했다. 어떻게 부족한 시간을 쪼개 미래가 불확실한 활동에 투자하는 것일까? 호의와 적대가 뒤섞인 관심을 진심으로 즐길 수 있을까?

유튜버로 활동했던 저자가 만난 유튜버들의 이야기를 읽고 의문이 풀렸다. 유튜버는 취미가 아닌 직업이었다. 유튜버들은 진지한 태도로 직업에 종사하고 있었다. 본업이 있더라도, 그 일보다 더 가능성 있는 미래 직업에 투자하는 차원에서 유튜브에 뛰어들었다. 유튜버가 직업인 이유는 꾸준히 수익이 나기 때문이기도 하지만, 무엇보다 유튜버 스스로가 자신의 일을 직업으로 대하기 때문이다.

유튜버들은 스스로를 관종이라고 서슴없이 말한다. 오히려 관종이어야 유튜버를 할 수 있다고 한다. '관종끼'는 유튜버의 직업적 역량이다. 유튜버는 각자의 특별함을 스스로 발굴하고 보여 주는 데 능한 퍼포머이자 기획자다. 광고 수익을 고려해 자신의 이미지를 만들고, 원하는 광고를 수주하며, 유튜브 플랫폼 밖으로의 확장까지 고려하는 사업가다.

그리고 이 모든 것을 가능하게 하는 것은 유튜버를 중심으로 커뮤니티를 구성하는 시청자다. 유튜버는 시청자의 이야기를 콘텐츠에 반영하는 법을 가장 잘 알고 있는 크리에이터이자 스타다.

2018년 8월 기준 국내 유튜브 애플리케이션의 월간 순 사용자 수는 3093만 명이다. 이들 대부분은 유튜버가 만드는 커뮤니티의 일원이다. 유튜브 사용자들은 보고 싶은 영상을 요청하고 댓글을 달면서 유튜버와 친구가 되고 싶어 한다. 유튜브의 시대, 유튜브 사용자는 곧 모든 콘텐츠와 제품, 서비스의 소비자다. 유튜버의 일을 이해하는 것은, 이 시대의 커뮤니티, 콘텐츠, 그리고 소비자를 이해하는 방법이다.

소희준 에디터